霓衣羽裳的浪漫

周敏◎著

服装设计师

中国出版集团
现代出版社

图书在版编目(CIP)数据

霓衣羽裳的浪漫 / 周敏著. ——北京:现代出版社,2013.1 (2024.12重印)

(我的未来不是梦)

ISBN 978-7-5143-1049-8

Ⅰ.①霓… Ⅱ.①周… Ⅲ.①服装设计师－生平事迹－世界－青年读物②服装设计师－生平事迹－世界－少年读物 Ⅳ.①K815.72-49

中国版本图书馆 CIP 数据核字(2012)第 292878 号

我的未来不是梦—霓衣羽裳的浪漫(服装设计师)

作　　者 周　敏

责任编辑 刘春荣

出版发行 现代出版社

地　　址 北京市朝阳区安外安华里 504 号

邮政编码 100011

电　　话 (010) 64267325

传　　真 (010) 64245264

电子邮箱 xiandai@cnpitc.com.cn

网　　址 www.modernpress.com.cn

印　　刷 唐山富达印务有限公司

开　　本 700×1000 1/16

印　　张 12

版　　次 2013 年 1 月第 1 版第 1 次印刷　2024 年 12 月第 4 次印刷

书　　号 ISBN 978-7-5143-1049-8

定　　价 47. 00 元

序　言

这套以“我的未来不是梦”命名的丛书，经过众多编者的数年努力，终于以这样的形式问世了。

此时，恰值党的“十八大”刚刚胜利闭幕，选举出了以习近平同志为首的党中央领导集体。“十八大”报告中对教育领域提出：“坚持教育为社会主义现代化建设服务、为人民服务，把立德树人作为教育的根本任务，培养德智体美全面发展的社会主义建设者和接班人。”这使我们编者更感此套丛书生即逢时，契合新时期新要求，意义重大。

我们编写的这套《我的未来不是梦》系列丛书，精选了古往今来的一些重要职业，尤以当下热点职业为重。而“梦想的实现”则是本套丛书的核心。整套书立意深远，观点新颖，切合实际，着眼实用，是不可多得的青少年优质读物。

我们深信，这套丛书必将伴随小读者们的生活与学习，而促进他们德智体美全面健康的成长。更使他们对未来充满信心，驾驭着新知识和新科技，驶入海洋，飞向蓝天，去实现最美好的梦想！

目录 CONTENTS

CONTENTS

第四章 有行动才会有创造

第五章 有思想才能有作为

第六章 有梦想才能去远方

CONTENTS

第一章

从服装谈到服装设计师

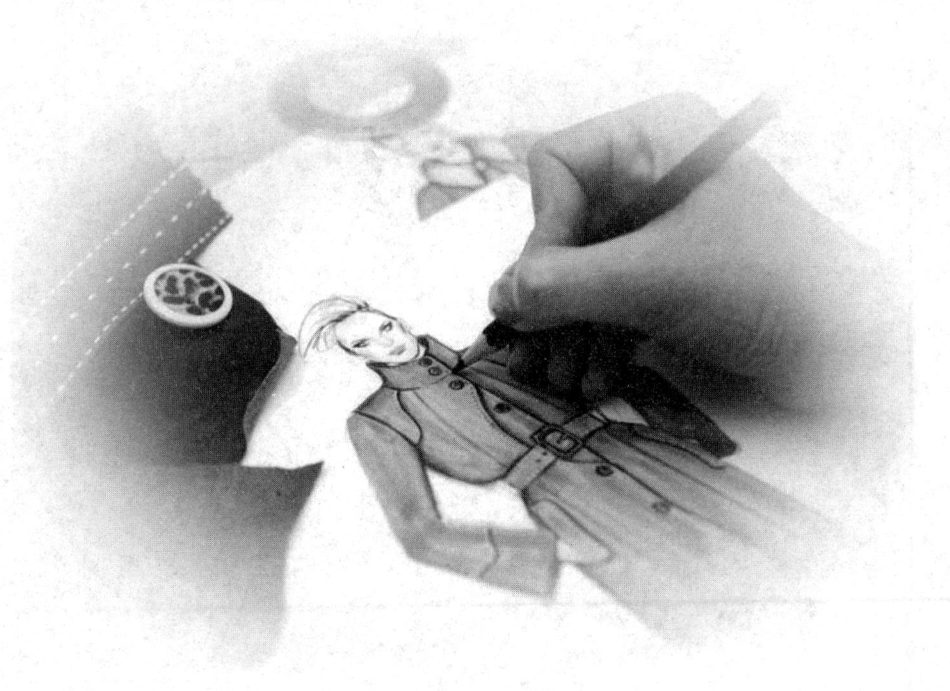

导读

爱美之心人皆有之，从人的本性来讲，谁愿意“衣锦夜行”呢？或华丽或简朴，或宽松或收束，穿衣戴帽各有一套。但即便是最简单的穿着，都是人类文化的一部分。沿着这种文化的走向，我们可以领略到社会生活的纷繁复杂和世事变迁。

■ “衣食住行”“衣”为先

虽然说民以食为天，但在“衣食住行”中，衣却排在了最前面，可见衣服的重要。穿衣、吃饭、住房、行路是一个人生活上的基本需要，是每个人都离不开的，从衣食住行的变化可以清晰地看到社会的飞速发展变化。

俗话说：穿衣戴帽，各有所好。穿什么样的衣服，戴什么样的帽子，每个人都有自己喜欢的款式，这是由于性格和爱好不同决定的。衣着是人们展示自己的第一品牌。多数情况下，一个人穿什么式样的衣服与衣服的质地、品牌及色彩搭配，都是他或她职业、收入与品位的潜在表述。

服装是给人体起保护、防静电和装饰作用的制品，其同义词有“衣服”和“衣裳”。中国古代称“上衣下裳”。最广义的衣物除了躯干与四肢的遮蔽物之外，还包含了手部（手套）、脚部（鞋子、凉鞋、靴子）与头部（帽子）的遮蔽物。服装是一种带有工艺性的生活必需品，而且在一定生活程度上，反映着国家、民族和时代的政治、经济、科学、文化、教育水平以及社会风尚面貌的重要标志，是两个文明建设的必然内涵。

服装的起源：服装在人类社会发展的早期就已出现。古代人把身边能找到的各种材料做成粗陋的“衣服”，用以护身。人类最初的衣服是用兽皮制成的，包裹身体的最早“织物”用麻类纤维和草制成。在原始社会阶段，人类开始有简单的纺织生产，采集野生的纺织纤维编织成衣服。随着农牧业的发展，人工培育的纺织原料渐渐增多，制作服装的工具由简单到复杂不断发展，服装用料品种也日益增加。织物的原料、组织结构和生产方法

决定了服装形式。用粗糙坚硬的织物只能制作结构简单的服装，有了更柔软的细薄织物才有可能制出复杂而有轮廓的服装。最古老的服装是腰带，用以挂上武器等必需物件。装在腰带上的兽皮、树叶以及编织物，就是早期的裙子。

古代服装类型：古代服装一般可分为两种基本类型：一是块料型：由一大块不经缝制的衣料组成，包缠或披在身上，有时用腰带捆住挂在身上。如：古埃及人、古罗马人和古希腊人穿着的服装。二是缝制型：用织物或裘革裁切缝制成为小褂和最早的裤子。这种原始服式直到现在还留存在许多民族之中，如：因纽特人和中亚一些民族所穿的服装。

中国服装的历史：中国服装历史悠久，可追溯到远古时期。在北京周口店猿人洞穴曾发掘出约 1.8 万年前的骨针。浙江余姚河姆渡新石器时代遗址中，也有管状骨针等物出土。可以推断，这些骨针是当时缝制原始衣服用的。

中国传统服饰是汉服，是中国人的祖先最初穿的衣服，是用树叶或兽皮连在一起制成的围裙。后来，每个朝代的服饰都有其特点，这和当时农牧业及纺织生产水平密切相关。春秋战国时期，男女衣着通用上衣和下裳相连的“深衣”式。大麻、苎麻和葛织物是广大劳动人民的大宗衣着用料。统治者和贵族大量使用丝织物。部分地区也用毛、羽和木棉纤维纺织织物。汉代，丝、麻纤维的纺绩、织造和印染工艺技术已很发达，染织品有纱、绡、绢、锦、布、帛等，服装用料大大丰富。出土的西汉素纱禅衣仅重 49 克，可见当时已能用桑蚕丝制成轻薄透明的长衣。隋唐两代，统治者还对服装作出严格的等级规定，使服装成为权力的一种标志。

中国古代的汉服，是用麻布做成的，裙料一般采用丝绸。随着中外交往增加，服式也互有影响，如团花的服饰是受波斯的影响；僧人则穿着印度式服装“袈裟”。现今日本的和服仍保留着中国唐代的服装风格。唐宋到明代服式多是宽衣大袖，外衣多为长袍。清代盛行马褂、旗袍等满族服式，体力劳动者则穿短袄长裤。近代，由于纺织工业的发展，可供制作服装的织物品种和数量增加，促进了服装生产。辛亥革命后，特别是五四运动后

吸收西方服式特点的中山服、学生服等开始出现。

1950年以后，中山服几乎已成为全国普遍流行的服装，袍褂几近消失。随着大量优质面料的出现，服装款式也有发展。现代服装设计已成为工艺美术的一个分支，而服装生产已经实现工业化大批量生产。

服装既作为人类文明与进步的象征，同时也是一个国家、民族文化艺术的组成部分，因此对一个民族的服装来说，是随着民族文化的延续发展而不断发展的，它不仅具体地反映了人们的生活形式和生活水平，而且形象地体现了人们的思想意识和审美观念的变化和升华。服装的实用性与美观性是服装界起源问题的症结。

中国的服装一开始就伴随着中华民族的文化素质一同诞生和发展的，中原地区是汉文化的发源地，也是东方经济文化最古老最发达的中心。加之良好的地理环境，呈现出放射状向四方影响和传播。中国民族服装的发展也正是在这种文化的发展基础上，即与时代相符的纵向发展的道路上，走过了5000年的历史。从上古至封建社会灭亡，中国服装在几千年的演变过程中，以长袍服饰为主——高领阔袖、长衣拖地以及直线正裁法和交领等为特征。

历代统治阶级所推行的服装显示着等级服冠制度，在几千年的历史中保持和发展着。虽然随着改朝换代以及时间的推移，中国服装不断地出现新式样，而且朝代之间也有着明显的区别，但又不是没有连续，而是一步一步地延续与交错向前发展。例如，古朴的秦汉服装，富丽的隋唐五代服装，高雅的宋装，堂皇的明装，华贵的清装，它们虽然是社会历史发展的产物，但却显示着社会经济和政治的相互联系，其中最典型的莫过于唐代的服装。从魏晋南北朝开始直到盛唐之后，其主要是汉族服装与西北地区其他民族的横向发展关系。在这几百年的时间里，中国处于从分裂走向统一，封建社会在经济、政治、文化方面都处于上升时期。尤其当盛唐时期成为亚洲各民族经济文化交流的中心时，更是中国文化史上最光辉的一页。在这一时期里大量地吸收印度和伊朗的文化，并融于中国的文化之中，这可以从壁画、石刻、书、画、刺绣、陶俑及服装之中充分体现出来。

唐代的妇女服饰，是历代服饰中的佼佼者，衣料质地考究，选型雍容华贵而大胆，装扮配饰富丽堂皇而考究。其形制虽然仍是“汉隋遗风”的延续，但是多受北方少数民族鲜卑人的影响，同时也受到西域涌进来的文化艺术的影响。以历史名画“簪花仕女图”的服饰为例，图中妇女袒胸、露臂、披纱、斜领、大袖、长裙的着装状态，就是最典型的开放服式。衣外披有紫色的纱衫，衫上背纹隐约可见，内衣无袖“罗薄透凝脂”，幽柔清澈。丝绸衬裙露于衫外，拖曳在地面上，可与17世纪、18世纪欧洲宫廷长裙相媲美。这种服式从北朝以来，甚至唐代开元、天宝时期，都不曾出现过，因此风格独特。

在横向的交流影响中，促使一个民族的服装发生变化以及如何变化的根本原因，取决于经济和文化的强盛和落后。

清朝末年，中国封建社会处于即将崩溃之际，政治黑暗，经济衰弱，思想禁锢，中国社会在走下坡路，资本主义文明正处在迅速发展的上升阶段，迫切要求开辟海外市场和原料供应地。西洋商品日渐输入中国，中国传统的民族服装受到了强烈的冲击。受欧洲现代文明的影响，中国的传统服装大大地简化了，同时中国社会中上层社会开始流行穿着西洋服装，形成崇尚“新式”“西式”的风气。

民国初年的女子，生活起了变化，居住在大都市的摩登女子，受这种外来思潮的影响，纷纷走出闺房，奔向社会，投身于电影业、商业、手工艺业等。由于职业的要求，这些女性的改装换容就成了必然之事。在民国元年，政府规定了男女礼服的形制：男子有大礼服和常礼服。大礼服分昼礼服和晚礼服两种，均采用黑色衣裤和领结。常礼服有西式和中式两种，中式即长袍马褂。女子礼服是身长齐膝、有领、对襟式，裙的前后有镜面，两侧做裥，两端有带结的式样。都市女子结婚采用披白纱，身着丝织礼服，手持白色花，举行“文明”结婚，农家女子仍然以红袄珠冠，乘坐花轿，保持着旧式风俗。

由于中国文化的根基之深厚，即使在外来服装的强烈冲击下，依然使中国服装表现出对外族文化精华兼收并蓄的能力，中山装和近代旗袍的出

现,即证明了中国文化的深厚作用。中山装和旗袍是东西方服装结合的典范。在实用功能和装饰功能、在民族风格和时代风格等许多内容上符合20世纪的服装趋势,从而走向了世界。

随着社会改革的不断深入,人们不仅仅是思想开放了,更注重个性化,时代概念在整体服装上早已不再是一个虚有的名词。从宏观上看,中国服装界已形成一定影响的服饰文化活动,无论上海、北京或大连,都是服装文化搭桥,企业唱戏;或时装表演或时装流行趋势发布等,以期达到交易,繁荣经济文化的目的。而在这一时期服装的重点发展趋势是经典传统回归和对优雅华贵的追求两极的并存和对比,是这一时期的主要特色。正规的、经典的,完美的与反常规的,不平衡的,怪诞的形成对比,也带来了特殊的趣味性和幽默感。感受优雅、感受经典、感受自然、感受幽默是这一时期的主要印象。

随着知识经济的到来和网络的普及应用,国际信息的传入在很大程度上影响了中国的服装市场。世界服装的潮流越来朝着“自由”和“多样化”的方向发展。这一信息很快地传入中国。为运动服时装化开辟了广阔的市场。人们在休闲时更加放松自己,脱下严谨的西装,换上休闲式合适的服装。服装的时尚不仅仅是青年人的追求,也影响老年人的时尚观念。如运动帽、运动鞋、都是中老年人喜爱的服饰。

面对世界经济一体化的今天,东西方文化的融合,中国的服装也走向了世界,与国际接轨。20世纪90年代中国服装的发展,为树立中国服装的国际形象创造了生存的条件,而中国的服装正处于从自然品牌到设计品牌的关键时期,作为中国的服装设计师要不断地挖掘中国的文化,以历史、文化遗产为设计灵感,不断创新,挖掘服装的内在精神——文化。只有将服装文化植根于民族传统、时代特征,结合企业文化、商业运作加以研究、发展,才能创造良好的服装文化,促进服装业的发展,为弘扬中国民族文化重振“衣冠王国”的雄风。

近年来,最受青春时尚的女性欢迎的应该算是非主流的个性服装了,如个性服装及韩版服装。韩版服装,尤其是女装以新款不断、品种繁多、时尚靓丽而长久受到爱美的女孩子的欢迎。现在的服装，以个性服装的概念，体现了新时期人们追求个性，求异不求同的新消费观念。个性服装都突出了个性元素，每一件都手工制作。成本虽高，但更能满足新时期人们对服装的需求。

把生活提升到美的高度

服装是反映社会历史文化的一个独特层面。通过服装发展史看服装与社会的关系，能使我们在新形势下，更好的继承传统、博采众长，不断吸收先进的服饰文化，加强与世界文化的融合力度。

服装设计是科学技术和艺术的搭配焦点，涉及到美学、文化学、心理学、材料学、工程学、市场学，色彩学等要素。“设计”指的是计划、构思，设想、建立方案，也含意象、作图、制型的意思。服装设计过程是根据设计对象的要求进行构思，并绘制出效果图、平面图，再根据图纸进行制作，达到完成设计的全过程。服装设计是运用各种服装知识、剪裁及缝纫技巧等，考虑艺术及经济等因素，再加上设计者的学识及个人主观观点，设计出实用、美观及合乎穿者的衣服，使穿者充分显示本身的优点并隐藏其缺点，更衬托出穿者的个性。设计原则是说明如何使用设计要素的一些准则，乃经过多年经验、分析及研究的结果，也就是美的原则在服装上的应用。

服装设计师是指对服装线条、色彩、色调、质感、光线、空间等，进行艺术表达和结构造型的人。要想成为一名服装设计师不是一件容易的事，不仅需要有一定的天赋，而且更需要懂得学习方法并为之付出辛勤的努力，才能学有所成。

服装设计师直接设计的是产品，间接设计的是人品和社会。随着科学与文明的进步，人类的艺术设计手段也在不断发展。信息时代，人类的文

化传播方式与以前相比有了很大变化，严格的行业之间的界限正在淡化。服装设计师的想象力迅速冲破意识形态的禁锢，以千姿百态的形式释放出来。新奇的、诡谲的、抽象的视觉形象，极端的色彩出现在令人诧异的对比中，于是不得不开始调整我们的眼睛以适应新的风景。服装艺术显示出来的形式越来越多，有时还比较玄奥。怎样看待服装艺术、领略并感受服装本身的语言，成为今天网络时代"注意力"经济中的"眼球之战"。服装设计既要有很强的审美观和价值观，又要能使设计出来的衣服在日常生活中穿着，既要美观时尚，又要低调优雅，使服装永远不会落后，所以一个设计师在设计服装的过程中要忘掉自己，而是在设计你所想表达的意向。

■ 让传统文化绽放新的活力

现代中国服装设计师的诞生，以及服装设计师这个词汇正式出现的确切日期，现在无从考证。在服装史学家们的眼中，大家更愿意把这个职业的诞生诱因，同样归结到 1979 年春天，著名法国服装设计师皮尔·卡丹亲率 12 名法国姑娘在北京民族文化宫举行的当时被称为"服装观摩会"的第一次时装秀。正是在国门打开后，由皮尔·卡丹带来的国人在消费审美领域产生的意识形态冲击，推动了中国当代时尚消费各个方面的惊人变革。

创刊于 1980 年的《时装》杂志，在国内第一次用外国人做封面，引领了时尚传媒行业的发展，该杂志于 1983 年与日本某机构合作举办的"中国时装文化奖"，被称为是改革开放后国内的首个服装大赛。1980 年 11 月，引起全国性轰动的国内第一支时装模特队亮相上海滩，开始了中国时装模特行业的发展。1982 年中央工艺美术学院开设的国内第一个服装短训班，1983 年苏州丝绸工学院开设服装教育的第一个本科专业，则成为中国服装专业教育的开端……在史学家的眼中，都得益于那场"服装观摩会"。

在改革开放初期，在服装企业里还没有真正意义的现代服装设计师，所谓的设计师大多是裁缝兼任的，例如上世纪80年代上海的钱士林、蒋银妹等老一辈服装设计师，而服装设计师这个称谓也并没有出现在正式的文献资料中，当时这一职业多被冠以技术员的名称。

多数服装史学家认同当代中国真正意义上服装设计师的出现时间是在1985年，这是中国当代服装发展史中具有里程碑意义的一年。就在这年的5月，伊夫·圣·罗朗在中国美术馆举办了“25年个人作品回顾展”、皮尔·卡丹在北京工人体育馆举办个人时装作品展示会、小筱顺子在北京饭店举办主题为“依格·可希依”的时装作品展示会。三位大师的精彩展示让中国服装企业和设计人员拓展了艺术视野，在意识领域受到了强烈冲击。也是在这一年，国外知名服装品牌陆续进入中国市场，中西服装文化的交流和碰撞让毫无准备的服装企业和设计人员都无所适从。而正是这种突如其来的冲击，迫使一部分有良好教育背景和深远眼光的设计人员开始踏上真正意义上的设计师道路。

1993年，中国服装设计师协会成立，是服装及时尚业界设计师、学者、技术专家、品牌专家、专栏编辑、时装模特等联合组成的全国性社会团体，总部设在北京。它致力于产业促进和社会服务，尊重并维护创作者的知识产权。协会高度重视人才培育和职业训练，协会举办的“新人奖”、“益鑫泰”设计奖、“诺蒂卡”创意奖评选和“汉帛奖”设计大赛、“职业模特”大赛、“模特之星”大赛等活动，造就了一大批优秀时装设计师和时装模特。

1993年，中国服装研究设计中心主办的第一届北京国际服装服饰博览会在北京国贸展览中心隆重举行，主办单位请来了世界著名时装大师瓦伦蒂诺、费雷和皮尔·卡丹出席，同时瓦伦蒂诺与费雷联袂为中国首届服装服饰博览会带来了他们的新作品。而就在首届服装服饰博览会闭幕前夕，中国国家主席江泽民会见了几位时装大师。来自国家领导的重视，以及大师们的个人风采和最新作品影响，对中国服装设计师的成长起到了不可估量的促进作用。

1993年4月，由日本兄弟株式会社冠名的第一届“兄弟杯”中国国际青年服装设计师作品大赛在北京举行，大赛金奖由浙江美术学院吴海燕以作品《鼎盛时代》夺得。“兄弟杯”大赛的举办，真正意义上开始了中国服装设计界通过设计大赛的方式，挖掘培养年轻服装设计师，为他们提供展现才能的空间和与国际同行共同交流的机会。

1993 年 7 月，中国服装设计师协会在北京成立。杜钰洲担任协会主席，王蕴强、袁杰英、李克瑜等任副主席，刘英任秘书长。这是中国服装史上开天辟地的大事，服装设计师有了自己的组织，有了应有的地位。在 19 世纪末的法国，建立了第一个高级服装设计师行会组织，时隔近一个世纪的东方古国，也有了第一个服装设计师的组织，这不能不是中国服装史上值得大书特书的一笔。而此时，中国服装设计师的队伍已经逐渐壮大，包括通过早期服装专业教育培养的人才，在企业内成长的人才，以及从工艺美术或舞美设计转行的人才等。

1995 年的北京中国国际服装服饰博览会期间，中国服装设计师协会首次举办全国十佳服装设计师评选，当年荣获十佳称号的有：吴海燕、刘丽丽、刘洋、张肇达、陈红、王新元、于泽正、马可、罗亚平、崔游。十佳设计师的评选推介，无疑对服装设计师职能的肯定起到了十分重要的作用，并在客观上给予国内的服装设计从业者一个相互交流、展示自身实力的平台。同时，在本届服饰博览会期间，中国的服装设计师们运用国际流行趋势发布的方法发布了秋冬服装流行趋势，参加发布的有：吴海燕、王新元、吴简婴、王芳、朱文、罗亚平。虽然当时尚难肯定这种趋势发布能够获得多少具体效益，但服装设计师们对流行趋势的认识与创造，以及时尚流行的信息在设计师手里的具体化，无疑对整个中国服装产业的发展起到了积极的推动作用。

1996 年时任中国纺织总会副会长的杜钰洲在服饰博览会开幕式上强调：“博览会加深了世界服装界对中国的了解，我们将围绕‘中国服装创国际名牌’这一主题，进行广泛、深入研究。”行业领导与服装界同仁共同呼唤“创中国服装名牌名师”，一个服装界的“名牌名师工程”在业内悄然兴起。

1997 年 10 月底，中国服装设计师协会秘书长王庆在“当代中国服装设计师的机遇”一文中正式提出“时代呼唤设计师、产业期待设计师”。同

年12月，首届中国服装设计博览会在北京举行，122名时装设计师和80家企业参展，设计师张肇达获金顶奖、专业奖、商业设计师排行第一名三项大奖，设计师吴海燕获得媒体第一名。

1997年“名师、名牌工程”的提出，和服装设计师作为主角登上舞台的首届中国服装设计博览会的举办，在相当大的程度上提升了中国服装设计师的社会地位，也在客观上起到引导国内服装品牌注重设计、重视设计人才、寻求品牌核心竞争力和差异化竞争的作用。而中国服装设计博览会的成功举办，不仅集中展现了当时中国时装设计师队伍的整体面貌，而且从理论上和形式上，将“设计”带到行业思考的层面上。

同年，中国民营服装企业“杉杉”集团重金聘请王新元、张肇达两位设计师打造高端女装品牌“法涵诗”，并在北京、上海等地举行“走进东方”时装发布会，再次在业内掀起设计师热，有媒体称：“1997，服装设计师年。”而在该企业举办的主题为，“98不是我，是风”王新元、张肇达高级时装发布会全国巡回演出之后，引发了一阵设计师与企业“联姻”热：“雅戈尔”在纺织部大楼，花海签约设计师刘洋，谢锋情系圣三利，赵玉峰联姻黎明，吕越携手富威格……一批在设计比赛中成名的设计师被企业相中，国内品牌聘请设计师成为热潮，中国服装设计大师的造星运动也热闹起来。但是大量师企纸婚带来的反思，以及不能忽视的国内设计水平和国际同行的差距，让这种热潮很快趋于理性变得冷静。

1998年，在第九届全国美术展览上，服装设计师吴海燕的作品《起承转合》荣获金奖。在此届评比中，服装设计作为一门艺术类专业，首次进入艺术殿堂，以艺术与实用相互并融的作品，参与审美角度的评比，表明了现代艺术更贴近生活与更富有实用性。而之后，部分服装设计师偏离了以市场为导向的设计，转向概念性、个性化、艺术化的设计方向，继而在1999年和2000年的中国服装发布中出现了大量以薄、露、透为主要特征的偏艺术性、概念性的服装设计。

2001年10月，在上海召开的服装服饰博览会会议上，各国与会首脑纷纷穿着中式唐装出场，独特而神秘的东方服饰魅力体现了多元的个性文

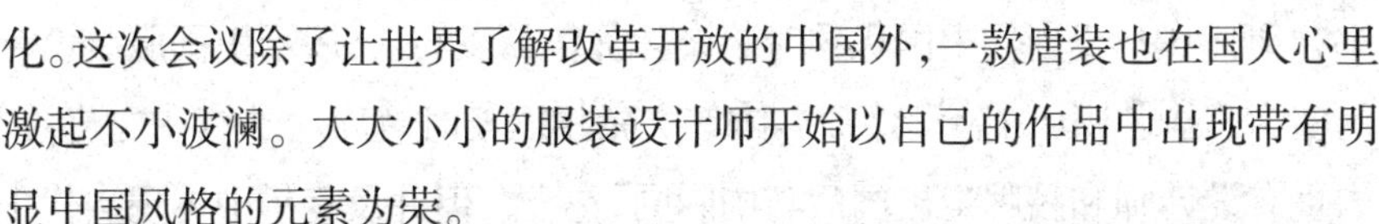

化。这次会议除了让世界了解改革开放的中国外，一款唐装也在国人心里激起不小波澜。大大小小的服装设计师开始以自己的作品中出现带有明显中国风格的元素为荣。

中国加入世贸组织，北京申奥，无疑都激励中国服装设计师、服装品牌走出国门。在中国国脚步入世界杯前，2002 年，中国设计师们开始走出国门，小试牛刀。年初，设计师胡晓明、梁子应邀参加韩国时装周；4 月，应日本大阪 2002/2003 秋冬发布委员会的邀请，设计师陈闻、邓皓参加了在日本举办的亚太设计师秋冬时装发布；6 月，在日本、韩国举办的“世界杯”足球赛期间，设计师张伶俐入选在韩国举行的“时装世界杯”活动，在韩国发布新作。

2002 年 4 月，第十届“兄弟杯”中国国际青年服装设计大赛在京落幕，兄弟杯最后一届的金奖被凌雅丽捧走，其获奖作品名《豆》。9 月，连续举办 10 届的“兄弟杯”中国国际青年时装设计大赛宣布易名，更名“汉帛杯”，由汉帛国际集团公司与中国服装设计师协会共同主办。此后，全国各地各种服装设计大赛风起云涌，而设计新秀的选拔手段也由此走入一种固定模式的框架中。

2002 年 11 月，第六届中国国际时装周在京举行，武学凯捧走金顶奖，在即将结束的 2000 年前，第一个无主题的中国国际时装周的闭幕式——“白领之夜”，从场地设计、环境布置、发布作品等方面为中国服装设计师走向时尚高端、设计高品质作品作了注脚，更用国内首个出席晚会的正装要求，刻下了其在中国时尚产业上的痕迹。

2003 年开始，从 1998 年中国国际时装周开始的中国时装文化奖更名为中国时尚大奖。“中国国际时装周”于每年 3 月、11 月分别举办秋冬系列发布和春夏系列发布，全面建立与国际接轨的“时装周”运行规则，中国服装设计师群体得到更为广阔的展示空间。

2003 年 10 月，在中国文化部、法国外交部、法国文化通讯部和中法互办文化年混合委员会的支持下，应法国高级时装公会的邀请，中国服装设计师协会在巴黎罗浮宫地下方厅为武学凯、房莹、王鸿鹰、顾怡、梁子、罗峥

举办“时尚中华”当代中国优秀时装设计师作品发布会，展示中国服装设计的实力，这是中国时装设计师群体首次亮相巴黎时装周。虽然在之前，国内也有设计师和品牌走出国门与国际同行交流，但并没有集中体现当代中国服装设计的多元化和实力。

2004年8月，在刚刚落成揭牌的上海时尚园，亚洲时尚联合会中国委员会成立大会召开。

2005年5月，梁子作为吉隆坡时装周组委会邀请的唯一的中国大陆时装设计师，用两场主题分别为“禅”“水·土”的时装秀，赢得好评。

2006年6月，“白领”在北京市远郊举办户外山体实景原生态时装发布会，主题为“境界”，中国服装设计师作秀的目光开始走向室外实景。

2006年10月，服装设计师谢锋和其品牌吉芬参加巴黎时装周品牌发布会，这是中国原创服装设计师品牌首度登上世界级的知名时装周。之后几年，服装设计师计文波和“利郎”品牌、服装设计师杨紫明和其品牌“卡宾”、服装设计师马可和其品牌“无用”、服装设计师罗峥和其品牌“欧柏兰奴”为代表的中国服装先后走进了巴黎、米兰、纽约、东京时装周。而设计师马可更得到了法国高级时装周的认可，成为第一个走上世界顶级时装舞台的中国服装设计师。

虽然在21世纪，中国服装设计师群体的发展特征呈现多元化的态势，但国际化成为最突出的特点，是无论如何都不能不说的。尤其是在2008年北京奥运会举办期间，由若干中国服装设计师参与设计的奥运制服、奥运颁奖礼仪服装以及奥运会开闭幕式中的部分表演服装，都得到了全世界的普遍认可。

中国服装设计师协会主席王庆说：“今天，服装设计师已经成为概念清晰、内涵充实的社会职业，不仅确立了设计的生产力地位，而且正在走向产业促进和社会服务并举发展的国际化道路。”中国的服装设计师由最初裁缝身份的艰难挣扎生存，到被捧为艺术家和品牌救世主后的张扬狂热，再到今天的对自身工作的清醒认识、平实心态，走过了曲折的30多年道路。而随着中国综合实力的不断增强，及中华文明在世界时尚文化中的权重和

影响力逐渐加大,中国服装设计师群体的崛起速度将更加迅速,可以肯定地说,未来不断成长的中国服装设计师群体将成为中国服装产业转型升级、国产品牌走向世界的主要力量。

翻开中国的服装发展史和服装设计师的发展历程,这是一部厚重的历史,也是一个美丽的世界,我们要感谢一代代服装设计师们,是他们发现了美,创造了美,并给我们带来了美丽的服装和生命际遇。

智慧心语

制芰荷以为衣兮，集芙蓉以为裳。

——屈原

时尚不仅仅指服装而已，时尚存在于天空中、街道上。它和观念、生活方式，以及各种变化都有关系。

——香奈儿

我一生的最爱，就是开创第一！

——皮尔·卡丹

风格与流行之间的不同在于质量。

——乔治·阿玛尼

我设计的不是衣服，我设计的是梦想。

——拉尔夫·劳伦

第二章

有理想人生才精彩

导读

世上最快乐的事，莫过于为理想而奋斗。理想是指路明灯。没有理想，就没有坚定的方向。没有方向，就没有前进的动力，就没有追求，就没有发明创造。好好为自己规划一个理想吧，让自己活着有开心的理由，让自己的人生更加精彩。

■ 理想是打开智慧之门的钥匙

在服装界,华伦天奴是世界上高级定制和高级成衣最顶级的奢侈品品牌。一听到这个名字,就会让人想到罗马贵族气息,这个品牌代表的是宫廷的奢华,在高调中隐藏着一种深邃的力量和冷静与智慧,从上个世纪60年代以来一直是意大利国宝级品牌。“华伦天奴”品牌创始人瓦伦蒂诺,是享誉全球的意大利著名时装设计师,更是意大利设计师“流行教父”“红毯之王”,甚至被称为“末代王尊”。然而,回首瓦伦蒂诺的成功史,不免让人感叹,是因为这位服装设计大师在童年就有了理想,就找到了智慧之门的钥匙,所以他的人生才那么的精彩。

瓦伦蒂诺1932年出生在意大利伦巴第,年少时他言语不多,时常显示出与年龄不相吻合的沉稳和冷静。一次,妈妈带他到码头上玩,他看到了游艇,羡慕地对妈妈说:“将来我也要有一艘这样的游艇,不过,我的游艇如果也像这艘一样,那么,我会感到羞辱的,因为它太小了。”

妈妈听了他的话,并没有想到这次游历已激起他理想的火花,却感叹地说:“我生了一个世界上最爱慕虚荣的孩子。”

可是若干年后,就是这样一个“爱慕虚荣的孩子”,不但拥有了更多艘更大的游艇,他还成了母亲的骄傲,意大利的骄傲,成为全世界瞩目的枭雄人物。

其实,正如瓦伦蒂诺自己说的那样:“早从儿时起,时装设计就已经是我的最爱,我能够一直做着我醉心一辈子的事情是非常幸运的。”其实他从

从小就喜欢看电影明星，喜欢看美女穿着长袍走下台阶的场面，他从小就梦想自己能成为一个服装设计师，把每个女人最美丽的一面呈现给世人，就梦想着能建立自己品牌的时装王国。

瓦伦蒂诺 17 岁只身到巴黎服装工会学校学习服装设计，这是一所法国传统高级服装定制学校，教他学习如何把美女“包装”得更美丽。之后，半工半读，在为别人做裁缝中磨练了自己的鉴赏力和与生俱来的设计才华。

1959 年，他在 27 岁时回到罗马开了一家自己的服装店。在服装设计学校里学到的设计知识，和他骨子里偏爱的特殊的色彩——“红色”，被他用柔软的丝质面料和光鲜华贵的绸缎面料，加上精湛的裁剪技术，独特的创意，完美的设计，考究的做工，从整体到每一个小细节都做得尽善尽美。礼服灵活灵现地呈现出来了，被他命名为“华伦天奴红”，这款红礼服舒展了名流淑女们梦寐以求的幽雅风韵，马上也影响了整个时尚界。让一个想选购礼服的女人一踏进他的工作室，就被梦境中看到的最美丽的服装惊呆了。

1962 年，瓦伦蒂诺的事业因在佛罗伦萨的时装秀表演而有了转机，让他成为服装设计关注的焦点，1965 年被誉为“罗马最富明星色彩的设计师。”1967 年又获得时尚界的奥斯卡奖，从那个时候起，他的作品红遍整个世界，他开始登上国际舞台，他获得了巨大的成功。从此他被称为“华伦天奴大师”，成为上流社会社交生活的制造者，既是设计师，同时更像一名社交界的大明星。他与众多名流交往甚笃，和杰奎琳 · 肯尼迪、玛格丽特公主、美国前“第一夫人”南希 · 里根以及大明星，不仅是设计师和贵客的关系，也是终生的朋友。他深信高级时装不但需要有能力欣赏的人，更需要有财力欣赏的人。他说：“我就是专为有钱人做衣服的人。”

可就是这个为有钱人做衣服的裁缝，在他的设计室成立 25 周年纪念日时，意大利工业部授予其特殊荣誉，并获得意大利总统在意大利皇宫的亲自接见。同年，被指定为参加洛杉矶奥运会的意大利运动员设计服装；后来又得到了意大利官方最高荣誉奖……富丽华贵、美艳灼人是华伦天奴品牌的特色，这个品牌成为豪华、奢侈的生活方式象征，极受追求十全十美的名流们钟爱。

可是对瓦伦蒂诺来说，从 17 岁到 27 岁在巴黎学习设计的 8 年，是让他最难忘的，那时，他是一个别人看不起的穷裁缝，可就是在那 8 年里，他学到了足可以让自己享用一生的技术，甚至可以说他在实现理想的过程中，第二次又找到了打开智慧之门的钥匙，让他一步步走上通往成功的路。

所以，罗马成了他成功后最喜欢居住的城市，他建在西班牙广场"文艺复兴式宫殿建筑风格"的华伦天奴设计总部，成为罗马的标志和骄傲。罗马市长维特罗尼曾许诺在遗迹"真理之口"附近建一座华伦天奴博物馆，他说："在这个城市里，我找不出任何一个人比瓦伦蒂诺更有名。罗马离不开教皇，罗马更离不开瓦伦蒂诺。"

是啊，瓦伦蒂诺是时装史上公认的最重要的设计师及改革者之一，他的名字代表着想象和优雅、现代和永恒之美。瓦伦蒂诺的一生也因从小有了理想，早早就找到了智慧之门的钥匙，让他的一生成为一部时尚艺术史，一部树立战略意识的商业改革史，他用服装设计演绎了从最原始的工作室，发展到今天的时尚王国神奇般的历史进程。

逐梦箴言

瓦伦蒂诺从小就是一个有梦想的人，他甚至在小时候就为自己若干年后只有小成就而感到"羞辱"，他立志做一番大事业，做一个能用金钱证明自己能力的人，为此，他成了母亲眼中的"爱慕虚荣"的孩子，但是母亲的话并没有泯灭他实现梦想的愿望，他朝着自己目标奋进。童年的理想，成为他打开智慧之门的钥匙，让他成了因为有了理想而取得成功的典范。

知识链接

文艺复兴建筑

文艺复兴建筑是欧洲建筑史上继哥特式建筑之后出现的一种建筑风格。15 世纪产生于意大利，后传播到欧洲其它地区，形成了带有各国特点的文艺复兴建筑。在理论上以文艺复兴思潮为基础；在造型上排斥象征神权至上的哥特式建筑风格，提倡复兴古罗马时期的建筑形式，特别是古典柱式比例，半圆形拱券，以穹隆为中心的建筑形体等。例如，意大利佛罗伦萨美第奇府邸，维琴察圆厅别墅和法国枫丹白露宫等。意大利文艺复兴建筑在文艺复兴建筑中占有最重要的位置。

真理之口

真理之口是一个大理石雕刻，类似人的面孔，位于意大利罗马希腊圣母堂的门廊。这个雕塑被认为是 1 世纪古罗马喷泉的一部分，或者一个井盖，描绘的可能是一个异教的神。真理之口最有名的特色的是用作测谎仪。从中世纪开始，人们相信如果有人撒谎，把手伸进口中，就会被咬住。在 17 世纪，它被安放在希腊圣母堂的门廊。

理想是通往成功的铺路石

媒体介绍说:“欣赏法国服装设计大师克里斯汀·拉克鲁瓦的作品,如同是欣赏一场假面舞会。他的作品华贵典雅、千娇百媚,既有东方女性的神秘莫测,又有伦敦女性的古板怪异,还有法国女性的浪漫随和。他生活在现实和幻想之间,却又无时不在试图以时装的方式描绘心灵深处的梦境。他作品背后隐藏了一种时刻萦绕在设计师脑海中的潜意识,或是一种精神。”被如此宣传的服装展览会真令人神往,然而当真正走近这位服装设计大师克里斯汀·拉克鲁瓦的时候,你就会发现,他之所以能取得如此大的成就,是因为在童年的时候,就为自己确定了理想,理想成为他通往人生成功路上的铺路石。

克里斯汀·拉克鲁瓦是巴黎高级女装界的著名设计师,“克里斯汀·拉克鲁瓦”服装是以他名字命名的奢侈品牌,除高级成衣外还有两个副线品牌时装系列,提供价格更具竞争力的休闲流行时装,他是高级定制服界的设计巨星。1951年,他出生于法国南部边城阿尔,这是一个色彩缤纷的城市,这个城市也是凡·高和其他伟大的画家们喜欢居住的地方,这个地方也同样给了他很多灵感,让他从小就拥有了热情浪漫的气质。

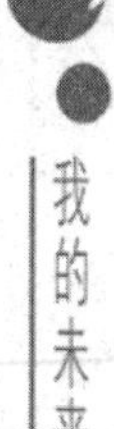

克里斯汀·拉克鲁瓦的外祖父是位备受人尊敬的绅士,童年的他喜欢和外祖父、外祖母生活在一起,他更喜欢在外祖父家像迷宫似的阁楼里看书学习。一次,他在这个阁楼里好久都不出来。外祖父关切地到阁楼里看望他。他对外祖父说:“我在这里发现一本了详细介绍19世纪60年代服

装的书，这让我如获至宝，让我对服装设计产生了浓厚的兴趣。”

外祖父看着满脸稚气的他，爽快地说：“那就把这本书作为礼物送给你吧，常常带在身边翻翻看看……”

从此，服装设计成了克里斯汀·拉克鲁瓦生命里最重要事情，凡是与服装相关的话题他都感兴趣，他的家乡邻近西班牙，也盛行着民众庆祝活动，常常有戏剧表演，自从在外祖父家发现这本服装设计的书后，每次看戏的时候，克里斯汀·拉克鲁瓦被歌舞剧盛大的场面、男女演员缤纷的服饰所深深吸引。每次看完演出后，他会用剪纸把一个个人物轮廓外型画出来、剪出来，喜欢做搭配色彩的游戏，每每这时他就感觉到特别的兴奋，感觉自己就像一个大导演一样，在指挥一台演出。这种感觉也鼓动他幻想有一天，如果舞台上的演员穿的都是他设计的服装，那么演出一定会更加的精彩。

在这种梦想的支配下，1972 年，21 岁的克里斯汀·拉克鲁瓦到巴黎一边学艺术史，一边学服装画。毕业后，他到一家博物馆担当馆长职务，借助这个工作方便条件，他又读到很多艺术方面的书籍，让他的艺术修养更加深厚。在博物馆里，他不但学到了新知识，还遇到了对他一生影响重大的弗朗索瓦·罗森史蒂尔，他的妻子。是他的妻子慧眼识才，鼓励他坚持自己所喜爱的时装设计。

就这样，克里斯汀·拉克鲁瓦真正开始了时装设计生涯，在诸多服装品种中，他最喜欢设计高级定制服。他认为高级定制服是推动时装的一项重要利器，因为所有的高级成衣和平价时装的制造业者，都需要知道下一季服装设计的动向和灵感来生产运作，所以，他为许多富有的客户设计出了独一无二的作品。这些作品风格各异，他喜欢用最华丽高贵的面料，加上名贵的缎子、雪纺、轻纱，大量的刺绣，闪闪发光的珠片，精美绝伦的蕾丝花边来装饰衣服，他的作品华贵逼人，充满了法国古典宫廷艺术的精神。

1981 年，他成了巴黎老牌时装让·帕图的设计师。1982 年，他第一次参加服装表演会，他设计的火焰系列——气势磅礴的晚礼服、18 世纪风格的短上衣、绢网芭蕾短裙等给这次时装秀带来了一抹明亮缤纷的色彩。他用的是法国查特酒式的黄绿色、鲜亮的粉红色、清新亮丽的柠檬黄、火焰般

的朱红色等鲜艳色彩,他设计活泼生动大胆。婚纱系列,用珊瑚红、蔚蓝色、金黄色的缎质长裙,集女性的万般柔情与奢华于一身。此次时装展引起观众强烈的共鸣和大声喝彩,粉红的康乃馨雪花般飞向台上的克里斯汀·拉克鲁瓦。

1987年,克里斯汀·拉克鲁瓦在巴黎洲酒店又一次发布他的服装作品,那一年他36岁,他从那一年开始,创立了自己的高级女装公司,成为活跃于巴黎高级女装界的著名设计大师之一。他的设计让他赢得了时装界的“奥斯卡”奖——“金顶针”奖等诸多奖项,他被冠以“巴黎征服者”的美称,成了最具有奢华风格的设计师。

在法国巴黎的时尚博物馆内,由超过400件的经典服装藏品和克里斯汀·拉克鲁瓦个人品牌的80件高级定制服作品,以及其他的创作手稿,共同组成了一部克里斯汀·拉克鲁瓦特殊的“时尚历史”,参观者可以从中发现设计师灵感的来源,也可以近距离观赏到各种细节的处理,他说:“这并不是一个回顾展览,而是我用自己的观点在分析时尚。”是啊,在这个时候,他早已被称为“时尚君子”,成为高档时尚的一缕异香,成为精美绝伦的时装精品。

而克里斯汀·拉克鲁瓦对时尚的解释是:懂得穿着的内涵是时尚最重要的,时装是一种态度,和谐的组合、色彩的搭配、产品的多样性反映了内在的品位与修养。在浓厚的文化背景下,创意与创造更新的产品是法国设计师追求的重点。巴黎魅力男士讲究的是卫生与健康,女人讲究的是高雅和华贵,时尚只是外壳,灵魂才是最重要的。

后来,克里斯汀·拉克鲁瓦为餐具、居家服饰设计、法国航空公司服装设计,为戏剧院、电影、芭蕾舞剧和各种短片设计剧服,为歌剧《巴黎狂欢》《卡门》剧组设计戏服,为莎士比亚的《奥赛罗》,为影片《世纪儿女》等设计服装,他圆了自己童年的梦。1995年,他为法兰西艺术剧院上演的拉辛名剧《费德尔》设计制作的服装获得最佳服装创作奖,他还受到了很高的评价,也赢得了许多的奖项。

克里斯汀·拉克鲁瓦热爱生活,乐于观察,勤于学习,他不张扬,热情

开朗，慷慨诚信。他设计的作品如其人一样富有文化韵味，他的品牌产品里表达着亲热外向、共享同乐的气息，他赢得人们的青睐、热爱和崇敬。克里斯汀·拉克鲁瓦的时装帝国在日益激烈竞争中发展壮大，他成了时装界的焦点人物，面对如此让人赞叹的成就，他却平静地说："一切就这么发生了，过去的梦想一步步成为现实，就像第一次同黛安娜王妃用餐，很自然的感觉，就像是老相识，可我知道我只在梦里见过她。"

回首克里斯汀·拉克鲁瓦克的成功之路，让人感慨这位自始至终以奢华风格为招牌的著名时装设计师，从小生活在法国南部充满阳光的小城阿尔，让他受到了很多艺术的熏陶。也由于那个城市所处的特殊地理位置，让他受到了法国、意大利和西班牙三种文化的洗礼，但是在这种环境下出生和成长的孩子有千千万万，但却唯独他借用这种大环境圆了自己的梦，让我们不得不承认：他出生的城市的古老文明，造就了他对美术、歌剧、音乐歌舞的浓厚兴趣，这一切，都为他成为一位才华横溢的时装设计师奠定了基础；但是小时他在外祖父家看到的那本服装设计书，却真正拉开了他人生舞台的帷幕，让他从小有了自己坚持的理想，用信念做了成功的通行证，用兴趣做了理想的铺路石，让他走上了设计师的道路。

逐梦箴言

理想是通往成功的铺路石，克里斯汀·拉克鲁瓦克的成长经历再一次印证了这句话的正确性。通往成功的路并不是一蹴而就的，它需要无数的小梦想连接在一起，就像一颗颗小石子一样，只有均匀地铺在路上，才能修成一条宽敞开阔的大路。人也是这样，有了梦想，就会在实现梦想过程中寻找克服困难的办法，攻克一个个难关，最终实现自己的目的。

知识链接

凡·高

凡·高(1853 – 1890),荷兰后印象派画家。他是表现主义的先驱,并深深影响了20世纪艺术,尤其是野兽派与德国表现主义。作品如《星夜》《向日葵》与《有乌鸦的麦田》等,现已跻身于全球最具名、广为人知与昂贵的艺术作品的行列。

“金顶针”奖

“金顶针”奖是法国高级手工时装创新大奖,也是世界上最著名的时装奖,是巴黎时装界的最高荣誉奖。法国记者皮埃尔伊夫基朗创设了该奖。奖杯上面插上几根金针,耗资三千万法郎。“金顶针”奖对国际时装界具有重大的影响。皮尔·卡丹说:“无疑,金顶针奖已获得国际时装界的广泛赞扬,在影响法国手工高级时装创新的同时,又轰动了世界。”

凡·高

■ 理想是指引前进的方向盘

“不做墓地里最有钱的人”,这句话是著名前卫服装设计师皮尔·卡丹在一次接受记者采访时说的,这句话发自肺腑,令人沉思。然而当了解皮尔·卡丹从赤手空拳白手起家,到世界顶级服装设计大师传奇的人生经历后,我们不免又发现这句话里有他豁达的人生态度和境界。

1922 年 7 月,皮尔·卡丹出生在意大利一户贫苦农家,家里靠种植葡萄维持生计。两年后,第一次世界大战的战火遍及意大利,经历了无数的艰辛,皮尔·卡丹一家逃到法国东南部的格勒诺布尔避难,在那里他父亲常常需要忍着饥寒,骑着马登上高高的雪山采下冰块,然后运到城里卖给有钱人家,挣几个小钱养家糊口。皮尔·卡丹的童年是在贫穷和饥饿中度过的,他没有吃过一顿饱饭,也没有穿过一件像样的衣服。

1929 年,在皮尔·卡丹 7 岁时,在一个阳光灿烂的夏日,他在草地上捡到一个富家小姐丢弃的布娃娃,这可成了他的宝贝,他欢天喜地抱着布娃娃回家,他对妈妈说:“我想把布娃娃打扮更漂亮一点,想用你的碎布和针线为布娃娃缝一条小花裙子。”

妈妈答应了他的要求。在昏暗的油灯下,他缝缝拆拆,拆拆缝缝,终于他成功了,布娃娃穿上了漂亮的花裙子。这条裙子是皮尔·卡丹设计的第一件作品,似乎也在冥冥之中预示着他以后要走上服装设计的道路。

为布娃娃缝制裙子,几乎成了皮尔·卡丹回忆童年时最快乐的记忆。在他 8 岁那年,全家又迁往法国的圣莱第昂,他开始进当地的一所小学读书。在这个时候,从小就喜欢舞蹈的皮尔·卡丹梦想自己能成为一名出色

的舞蹈演员，可是，因为家境贫寒，在14岁那年，不得不辍学，他被父母送去一家缝纫店当学徒工。

这一残酷的现实，让皮尔·卡丹的梦想破灭了，他在痛苦的煎熬中，甚至想到了自杀。可就在他准备自杀的时候，他突然想起了从小就崇拜的有着“芭蕾音乐之父”美誉的布德里，于是他就写信给这位艺术家说：“如果不肯收我这个学生，我便只好为艺术献身跳河自尽了。”很快，皮尔·卡丹收到了布德里的回信，信里，布德里并没提到收他做学生的事，而是讲述了自己的人生经历。从他小时候很想当科学家，因为家境贫穷无法送他上学，他只得跟一个街头艺人过起了卖唱的日子的经历讲起，希望皮尔·卡丹明白人生在世，现实与理想总是有一定的距离，在理想与现实生活中，人首先要选择生存，一个连自己的生命都不珍惜的人，是不配谈艺术的……

布德里的回信让皮尔·卡丹看到了希望，振作起来，他重新确定了自己的理想——做一名优秀的服装设计师，从此，他认真在缝纫店当学徒工。可以说布德里的回信是他人生的一棵救命的稻草，让他有了拥着理想快乐地工作和学习的信念，理想成了指引他前进的方向盘。

在皮尔·卡丹17岁那年，他骑一辆破旧自行车前往巴黎学习服装设计。他先后在“帕坎”“希亚帕勒里”和“迪奥”这三家巴黎最负盛名的时装店当了五年的学徒。由于他勤奋好学，很快便掌握了从设计、裁剪到缝制的全过程，同时也确立了自己对时装的独特理解。他认为时装是心灵的外在体现，是一种和人联系的礼貌标志。这五年，增长了他的见识，让他积累了领导时装潮流的设计心得和体会，他的设计水平也得到了飞跃。

在皮尔·卡丹23岁那年，他在巴黎开始了自己的时装事业，用自己的名字命名公司和服装品牌。这一年，著名艺术家让·科托克拍摄先锋影片《美女与野兽》，邀请皮尔·卡丹设计剧装。他为法国著名演员让·马雷设计了12套戏装，影片公映后，皮尔·卡丹设计的服装惊动了巴黎，美誉如潮。

1950年，皮尔·卡丹在里什庞斯街买下了“帕斯科”缝纫工厂，租了一个铺面。二战后，皮尔·卡丹提出了“成衣大众化”的口号，提出在追求卓越的同时，让高雅大众化，他说：“我虽然是高级时装设计师，但我有一股无法抑制的热情，我要使自己设计的高雅服装大众化，让更多的妇女和男士

买得起，穿得上，使风格高雅的成衣面向人数众多的消费者。”这话听起来真让人感觉温暖，也见证了皮尔·卡丹宽广的胸怀和博爱。

皮尔·卡丹是一个对时装有着不同理解的人，是个不同凡响的人，他永远盯着未来，他是走在时间前面的人，他是对科学技术进步反应强烈的人，他创造了“皮尔·卡丹定律”，他除了设计时装，还设计家具、灯具、装饰品、日常用品，甚至还有电脑、通讯电子、汽车和飞机造型……皮尔·卡丹成了令人瞩目的亿万富翁，以他的名字命名的产品也遍及全球。皮尔·卡丹在一次接受记者采访时说：“其实我并不具备舞蹈演员的素质，当舞蹈演员只不过是年少轻狂时的一个虚幻的梦而已，如果那时我不放弃当舞蹈演员的理想，就不可能有现在的皮尔·卡丹！”可见，确定一个符合自己的理想，在一个人一生的发展中是多么的重要。

皮尔·卡丹从一个小裁缝到亿万富翁，这其间他付出的辛苦无法计算。他每天要工作18个小时以上，他说：“我的娱乐就是工作。”可见，他是一个工作狂，生活既繁忙又丰富多彩，他没有假期，他说自己不能停止工作，“如果有一天不工作了，那就是我的末日”。

皮尔·卡丹时装是最早进入中国市场的国际品牌。早在20世纪70年代，皮尔·卡丹预见到中国这个文明古国蕴藏的商机时，他就将中国作为同国际诸多大品牌群雄逐鹿的战场。作为闯入中国时装界的第一个外国人，他说自己的经历就像马可·波罗一样。2008年，他为在北京举办的第二十九届奥林匹克运动会送上了一份特殊礼物，拍摄了音乐剧《马可·波罗》，这个礼物印证了他和中国难以割舍的情结。

有人说在法兰西文明中，埃菲尔铁塔、戴高乐总统、皮尔·卡丹服装和马克西姆餐厅这四个名称的知名度最高，地位最突出，这其中，皮尔·卡丹一人竟然占了两项：服装和餐厅。这就是说，皮尔·卡丹成了法兰西文化的突出象征。他用在服装上挣到的钱，投资马克西姆餐厅，他的传奇首先在于他的奋斗历程，他让高档时装走下高贵的T型台，让服装艺术直接服务于老百姓；他曾三次获得法国服装设计的最高奖顶针奖，这在时尚界属凤毛麟角，直到今天，还没有人超越他，他的许多时装被推举为最创新、最美丽和最优雅的代表作。

逐梦箴言

皮尔·卡丹的童年像大多数人一样是在贫穷中度过的,偶然拾到的一个旧布娃娃,让他萌生了设计服装的念头,这个念头支持他一步步走向服装设计领域,让理想成了指引他前进的方向盘。可见,理想的树立在一个人的成长过程中是多么的重要,就像一艘前行的航船,如果没有方向,那目的地总是迷茫的,如果目标确定,那么彼岸就在前方。

知识链接

皮尔·卡丹定律

皮尔·卡丹提出:用人上一加一不等于二,搞不好等于零。意思是说企业管理层在人事安排上必须考虑团队整体效应,对人才进行组合,使各成员之间互相补充协作,各取所长,充分发挥各成员的优势。组合失当,常失整体优势,安排得宜,才成最佳配置,有效搭配,方显威力。

马克西姆餐厅

马克西姆餐厅是 1893 年,一个名叫马克西姆·加雅尔的人在巴黎皇家大街办起的一家餐馆。很快,马克西姆餐厅便成了巴黎上流社会年轻人经常聚会的“俱乐部”。1981 年,皮尔·卡丹以 150 万美元买下马克西姆餐厅。他经营后,马克西姆的业务不再局限于餐饮业,开始向住宿、商场等领域扩展。到 2008 年,马克西姆在全球八个国家共有 10 家餐厅。目前,巴黎的马克西姆餐厅旗下拥有皇家大街上的 3 栋大楼以及 50 多种附属产品,可谓价值连城。

在中国,马克西姆餐厅于 1983 年 9 月在崇文门开业,是北京市第一家中外合资餐厅。2008 年,全球第十家马克西姆餐厅在北京朝阳公园的蓝色港湾内建立。

■ 理想是引领人生的灯塔

高田贤三1940年出生于日本的兵库,毕业于日本文化服装学院,并且荣获日本第八届装苑设计奖。1963年定居巴黎,在几家世界著名时装杂志社担任服装设计,1970年自创成衣制造公司,后来成了世界著名服装设计师。

"你的这本时尚杂志,看得我如醉如痴,让我对时尚产品有了浓厚的兴趣,我打算去学习时装设计……"这是少年的高田贤三在看了妹妹的一本时尚杂志后产生的想法。

可是说这话时,高田贤三并没有学习时装设计和自由,因为他出生一个中产家庭,父亲是茶艺社的老板,家中的七个孩子将来从事什么职业全是由父母决定的,父母早就决定让他在文学上发展。可是这个决定他并不快乐。他对姐姐说:"我不想让别人左右自己的理想,我已经受了姐姐和妹妹们的影响,对时装产生了兴趣……"

姐姐听了他的话,却没有办法帮助他实现这个愿望。1958年,在高田贤三18岁的时候,被父母送到神户大学学习文学,可是到了学校,他却对文学没有兴趣,最后违背家庭的意愿决定退学。这一件事,再次证明了他不能接受传统家庭习惯的约束,不满足父母界定的学习范畴,年轻气盛的他是有自己的理想和追求的。

很快,高田贤三进入当时刚刚开始招收男性学生的东京文化服装学院学习。在当时的日本,是很少有男人从事缝纫业工作的,而他却恰恰选择

了这个行业，也许正是因为有了这种敢于挑战传统的不羁性格，成了他日后在服装业不断开拓和发展的"原动力"。1960 年，他获得了"日本服饰设计奖"，并得到一份为一家百货公司长期设计女装的工作。

1964 年，日本政府因筹办东京奥运会征地兴建体育馆，高田贤三靠着一笔三十五万日元的拆迁费，买了一张去马赛的船票。货船沿途不断在世界各地的港口装货卸货，在泊岸期间，让高田贤三接触到了世界各大民族的不同文化，不同的风格，令他大开眼界。他原本带了五箱行李随船出发，行李内装满了他多年的得意作品，他原想凭这些东西在巴黎大展宏图，但通过这次旅行，他重新审视这些作品后，毅然将所有设计作品在沿途的港口扔掉。当到达法国的马赛时，正值冬天，不会法语又身无分文的他度过了一段艰难的日子。为了生存，他要在一家装饰公司当室内装饰工，为了理想，他还必须到学校参加艺术培训，然而这一切没有让高田贤三退缩，通过参加时装发布会，与媒体建立联系以及出售设计稿，他开始尝试在时尚界发展。他在这个时间设计的衣服，对象多是 20 至 25 岁的年轻女性，价格定位也较一些国际品牌便宜一些，易于接受。

1965 年，高田贤三转道去了巴黎，在那里租了一间小如厕所的房子。在最困顿的日子里，为了生计，他甚至靠为人家的狗剪毛维生。1970 年 4 月，高田贤三和朋友在巴黎开了第一家名为"Junkle Jap"的精品时装专卖店。这家店的店内装修以大自然为主题，墙上画着森林及花卉图案，在当地众多高档时装店中独具一格。当年 11 月，高田贤三的作品登上了《ELLE》的封面，以 Kenzo 为品牌的服装开始受到巴黎时尚圈的欢迎，这种时装不是那种标新立异的拔高，它有一点点传统，有许多热情的颜色，有活生生的图案，还有几分狂野，这种创意，或许来自他骨子深处那种原始的叛逆和那份为争取自由的奔放吧。Kenzo 的成衣品牌迅速在国际领域享有盛名，巴黎、米兰、东京相继成为他施展才华和精心创作的舞台。高田贤三用来自亚洲的声音表达着自己的创作理念，出众的才华使他一举赢得了亚洲第一设计师的美誉，是亚洲设计师的骄傲。

1977 年，高田贤三在纽约举办发布会，就取得轰动和成功。他将不同

地区的文化作为创作的素材,巧妙地将它们融合;他打破古典的惯例,无数次在设计上冒险;他的设计充满乐趣、幽默和时代感;他发明的迷你款式深受年轻人的喜爱,并不断成为流行的焦点。作为亚洲设计师,高田贤三的名气已经日渐高升,在欧洲的时尚舞台经常可以看到他的设计作品。

高田贤三说:“我喜欢混合各种东西。”的确,在他的设计中无处不在体现他的这种设计理念。他在设计中一直坚持将多种民族文化观念与风格融入其设计中,他自称是“艺术的收集者”,但他更是一个多元文化的融合者。他像一块“艺术的海绵”,汲取各种不同的文化素材,然后通过他天才的联想与现代时尚充分融合,幻化出充满乐趣和春天气息的五彩作品。除了时装以外,皮包、饰品、手表、眼镜、家饰品、香水等也是他挥洒创意的领域,并且在这领域他也获得了令人刮目相看的成功。无论在哪个领域,高田贤三都擅长调配色彩,这让他又获得了“色彩魔术师”的美誉。

高田贤三这位带着一脸灿烂微笑,留着浓密娃娃式长发,谦逊而幽默的艺术家在通往巴黎的成功途中也历经了暗淡而艰难的日子,但他的作品却始终没有丝毫的忧伤,就像雷诺阿的画一样,只有快乐的色彩和浪漫的想象。他因而被称作“时装界的雷诺阿”。这位黑头发黑眼睛的亚裔设计师的成功,不仅为欧美本位文化吹入了一股清新而绵长的东方之风,而且给在东方本土“奋战”的时装业同行以莫大的鼓舞与信心,开辟了一条由东方通向“时装盛世”的路。1999年,高田贤三获得了由联合国主办的“和平年代”设计大奖,并以“和平年代”为主题举行2000年春夏秀Kenzo30年回顾,“美国新世界”晚会,轰动业界。

逐梦箴言

高田贤三在少年时表现出来的“叛逆”，成就了他一生的梦想。如果他屈服于父母的安排，从事了文学事业，或许他也能生活得非常好，但是高田贤三没有接受这份安排，因为他自己有梦想，他知道自己喜欢什么，应该做什么。理想是引领高田贤三人生的灯塔，让他在困难年少时就有一份“叛逆”来抗衡命运，让他在实现自己理想的过程遇到困难时不迷茫。

知识链接

Kenzo

Kenzo是由高田贤三在法国创立的品牌，结合了东方文化的沉稳意境、拉丁民族的热情活泼，大胆创新地融合了缤纷色彩与花朵，创造出活泼明亮、优雅独特的作品。Kenzo 自 1970 年起开始在时尚界崭露头角，并于 1993 年加入 Lvmh 集团(是由顶级的时装与皮革制造商 Louis Vuitton 和一流的酒制品生产商 Moët Hennessy 收购合并而成的大型奢侈品集团)，自此 Kenzo 旗下的服装、饰品、餐具以及香水均受到更广大的欢迎。

雷诺阿

皮埃尔·奥古斯特·雷诺阿(1841—1919)印象派重要画家，是世界上最伟大的色彩画家之一。少年时的雷诺阿被送到瓷器厂去学习手艺，画瓷器和画屏风这项工作使他产生了对绘画的兴趣。而后出于对绘画的兴趣，雷诺阿便到美术学校学习绘画，同时又在格莱尔的画室里补习素描，从此便走上印象主义的道路。

智慧心语

让我非常庆幸的是，时装界和时装业虽然有过那么多改变，但我却能数十年来一直保持自己的风格。 ——瓦伦蒂诺

时装是一种艺术，而成衣才是一种产业；时装是一种文化概念，而成衣是一种商业范畴；时装的意义在于刻画观念和意境，成衣则着重销售利润。然而，时装设计的最高境界在于如何使艺术实用化，使概念具体化。人人都会用珍珠、貂皮点缀衣裙，但设计一件外表朴素自然合身又不影响行动的连衣裙却是考验大师的难题。因为既要让公众接受，又要体现鲜明的个性，还要融合科学原理，再加上设计师的构思，展示才能和绝技的细节，谁能把这一切以最简单的形式完成，谁才是真正的天才。 ——克利斯汀·拉克鲁瓦

创新！先有设想，而后付诸实践，再不断进行自我怀疑，这就是我的成功秘诀。 ——皮尔·卡丹

通过我的服装，我在表达一种自由的精神，而这种精神，以服装来说就是简单、愉快和轻巧。 ——高田贤三

第三章

从规划的目标走向人生的舞台

◦导读◦

为自己确定一个目标吧，然后你就能在别人视而不见的地方找到机会，就会拥有远见睿智，就能处变不惊，就能拥有坚定的毅力，就能为自己勾画出五光十色的未来，就能拥有不拘一格的创造力和想象力，就会让自己的生命拥有更大更宽广的舞台——

有目标就会有快乐

"世界上最快乐的事，莫过于为理想而奋斗" 这是苏格拉底的至理名言，也是"世界时装之父"查理·沃斯一生珍爱的一句话，他用自己的人生经历，向世人证明，为理想的目标而奋斗的人永远是快乐的。

查理·沃斯1826年出生在英国乡下的林肯郡。林肯郡是个历史悠久美丽的地方，这里是诗人艾尔弗雷德·丁尼生的出生地和牛顿故居。这里拥有宏伟的大教堂和城堡，有英格兰最干净的海滩，去过这里的人们都会被那里的豪华古宅和城堡点缀着的山谷的优美典雅而迷住。而查理·沃斯在这里的童年生活并不快乐，虽然这里有丰富多彩的活动，虽然这里花园和苗圃的色彩和淡淡的香味弥漫这座城镇，但是因为查理·沃斯的父亲是个赌徒，让他们一家生活在贫困潦倒之中。

查理·沃斯在12岁时和一位要好的朋友聊天，那位朋友说："林肯郡四周隐藏着很多财富，我的梦想是游遍这里，尝遍林肯郡的美味。"

查理·沃斯听了他的话，很是羡慕，可是说到自己的愿望，他却说："我希望能用自己挣到的钱买来的布料，亲手为妈妈做一身新衣服，因为妈妈的衣服太破旧了……"

就这样，在查理·沃斯12岁那年，为了生活，他来到巴黎，以销售高级丝绸及开司米成衣为主，并开始倾心于布料方面的研究。

1848年2月，法国大革命爆发，社会动荡不安，在那种多变的政局下，查理·沃斯成了皇家与贵族们最欢迎的设计师。他的顾客，除了皇后、宫女、大官夫人外，欧洲著名社会名流等，都以穿上他设计的衣服为荣耀。

从12岁到22岁，查理·沃斯为了摆脱贫穷的生活困境，他一点点提高着自己的技术，他付出的努力和艰辛是可想而知的，可是贫困并没有束

缚住他理想的羽翼，他在无边无际的思维空间里翱翔。他在经历童年不幸的经历后，他生命的棱角清晰可见，他想用服饰和业绩证明自己是一个积极上进的人，他虽然不是一个天才的设计师，但是他的生命里涌动着永远不枯竭的创作活力。查理·沃斯实现了自己的愿望，让母亲过上了快乐富足的生活，让母亲穿上他亲手设计的衣服时，那么的光彩靓丽，他在母亲灿烂的笑容里，又一次感受到了为理想而奋斗的人永远是快乐幸福的。

1851年，在伦敦以“水晶宫”闻名的世界博览会上，查理·沃斯为盖奇林公司设计的服装崭露头角，获得大奖。

1855年，在查理·沃斯29岁那年，在巴黎世博会上，他展出了一种新礼服。这件礼服肩部下垂，线条别具一格，成为世博会上一处亮丽的风景，几乎吸引了每一位女士艳羡的眼神，最终荣获金牌。为了这件礼服的设计，查理·沃斯请其夫人一遍一遍试穿并走动展示以观察和修正效果，这种以实际人体着衣的模特展示，成为后来时装模特表演的开端，因为在此之前，时装表演仅限于静止的展览，而查理·沃斯让夫人试穿的走动展示，就成为这个领域的第一人。

1858年，查理·沃斯和一位瑞典衣料商奥托·博贝夫合伙，在巴黎的和平大街开设了“沃斯与博贝夫”时装店。这是家自行设计、销售的时装店，标志着服装设计摆脱了宫廷风格，也跨出乡间裁缝手工艺的局限，成为一门反映世界变幻的独特艺术。年轻的查理·沃斯在服装设计上，摒弃了过去的风格约束，改变了当时流行的那种笨拙造型的硕大女裙，而是将女裙的造型线变成前平后耸的优雅样式，掀起了一个优雅的“沃斯时代”风。

查理·沃斯也是第一位在欧洲出售设计图给服装厂商的设计师，还是服装界第一位开设时装沙龙的人。此外，在布料的使用方面上，查理·沃斯不但是公主线时装的发明者，也是西式套装的创始人。查理·沃斯的设计风格华丽、娇艳、奢侈，他偏爱昂贵的面料和奢华的装饰，他用料铺张，他喜欢在衣身装饰精细的褶边、蝴蝶结、花边，在肩上垂挂皇家金饰及可折叠的钢架裙襟，其作品深受西班牙维拉斯贵兹及比利时范戴克等艺术大师的影响。

巴黎，是世界时装的中心，而查理·沃斯这位来自英国的普通人，却开创了巴黎的高级时装业，是他的设计左右时装潮流的历史，他将服装高级化，这是一大重要的贡献。有位法国学者贝尔曾经说过：“如果巴黎不复存

在,世界就必须创造一个巴黎。”同样,如果没有查理·沃斯,巴黎还会创造另外一个查理·沃斯。查理·沃斯是世界服装史中无可争辩的巨人,他从一个宫廷裁缝成为了“世界时装之父”。

逐梦箴言

查理·沃斯的生命在历史长河中,是短暂的,可是他却让生命散发了永恒的光芒。他生命不息,工作不止的顽强精神,和他为实现理想而快乐奋斗的经历,将永远激励一代代的后来人奋勇拼搏。他的传奇经历感动了他所处的那个时代,也鼓舞着当今世界上那些奋发有为积极上进的人开拓进取!

知识链接

苏格拉底

苏格拉底(公元前469—公元前399),著名的古希腊的思想家、哲学家,教育家,他和他的学生柏拉图,以及柏拉图的学生亚里士多德被并称为“古希腊三贤”,更被后人广泛认为是西方哲学的奠基者。身为雅典的公民,据记载,苏格拉底最后被雅典法庭以引进新的神和腐蚀雅典青年思想之罪名判处死刑。尽管他曾获得逃亡雅典的机会,但苏格拉底仍选择饮下毒堇汁而死,因为他认为逃亡只会进一步破坏雅典法律的权威,同时也是因为担心他逃亡后雅典将再没有好的导师可以教育人们了。

水晶宫

水晶宫是英国伦敦一个以钢铁为骨架、玻璃为主要建材的建筑,是19世纪的英国建筑奇观之一。水晶宫也是工业革命时代的重要象征物。它原先是世界博览会首次于1851年在伦敦举行时的展示馆,这场世界博览会的正式名称为万国工业博览会,一直到1936年以前曾经吸引过无数的社会各种阶级的游客前来参观,“水晶宫”是来自一家以讽刺文章著名的Punch杂志,因其建筑非常具有想象力,整体透明宽敞明亮而得名。

■ 有目标就会有方向

法国作家大仲马说:“生活没有目标就像航海没有指南针。”目标是我们每个人所期望取得的成果,是我们的梦想和理想。指南针是用以判别方位的一种简单仪器。当我们明白这两个词的含义后,再来看一下“生活没有目标就像航海没有指南针”这句话时,觉得理想在一个人的一生中是那么的重要和不可缺少。

我们故事的主人公姜·巴度,生于1887年,是西班牙裔的法国人。他在父亲的皮革厂当了几年学徒工后,一天,他对父亲说:“在这里整天和皮革打交道,没有一点色彩搭配,在这里学到的裁剪技术,让我要向布料加工转行。”

父亲没有听明白他的话,不解地摇着头。

姜·巴度向父亲解释说:“当一个顾客走进一家服装店铺时,你有没有仔细的想过,到底是什么吸引他到这个店铺,是店铺的陈列?还是某款服装的设计?还是服装的主体色彩?我想是通过市场上顾客对品牌的认知度去确定应该选择的颜色,很多知名服装品(名)牌都是在经过一段市场发展后才确定自己的颜色;还要根据市场上其它竞争品牌和本身针对的消费群体的喜好、生活习惯和文化背景来确定”。

父亲在皮革厂工作了几十年,从来没有“色彩搭配”或自己用布料做衣服的想法,他哪里知道姜·巴度这时的兴趣已在与皮革的长期接触中转向了服装界,他更想不到姜·巴度在这个时候已经想到了服装应该努力追求

的品(名)牌效应等一些深层次的问题,还能展现出自己的优势所在。

事实上,姜·巴度在这时候,正在研究色彩构成,他想用色彩的相互作用,把人对色彩的知觉和心理效果一起表达出来。可是要想实现自己的梦想,却并不像他想得那么容易,他要拥有资金,才能有自己的店铺,才能让人们穿上自己设计的服装。他到别人的服装店里去做学徒工,把挣到的钱一点点攒起来。

1914年,在姜·巴度27岁时,他才开设了一家名为"PARTY"的服装沙龙。可是不久,第一次世界大战爆发,姜·巴度作为热血青年,奔赴战场服役4年。大战结束后,以姜·巴度之名在巴黎圣佛伦坦街开设了自己的服装屋。

1918年8月的一天,姜·巴度还在皮革厂工作的父亲接到了儿子的信件:"我在巴黎举办了第一次时装发表会,盛况空前……"

姜·巴度姜的设计高贵典雅、简单大方,因此还受到美国人的喜爱。1921年,姜·巴度正式邀请新闻界人士参加他的服装发布会,从此他的设计,引领了时装界款式的潮流。

到1922年,姜·巴度已经成为妇女时装界流行的领导者,那时,他已经是历史上第一个为服装注册颜色的人,他已经成为第一个拥有专属色彩和布料的设计师。姜·巴度每一季都推出一种色彩,命名为巴度蓝、巴度绿……主导当季的流行色。他的香水也成了世界知名品牌的象征。

1924年,姜·巴度从美国带回6位模特儿,让她们和法国女孩同台演出。这些美国模特儿不仅天生丽质、一点也不扭捏害羞,而且风度迷人、活力充沛,表演得非常成功。此后每两年姜·巴度就到美国挑选一批新的模特儿。这种现象提高了模特儿的地位,也促成了模特儿拥有灿烂的前途。

可惜,天妒英才,1936年姜·巴度突然中风而死,年仅49岁。巴度的店务由亲戚雷蒙负责,先后聘用多位设计师担任驻店设计师。服装设计师克丽丝汀·拉克华在1986年到他的服装里工作,曾连得1987至1988年时装界最高荣誉的金顶针奖。可见,直到现在,姜·巴度时装在巴黎仍具有很高的影响力。

姜·巴度被称为上世纪20年代至30年代最伟大的服装设计家之一，他的许多事迹，均已列入服装界的记录。

逐梦箴言

姜·巴度虽然英年早逝，可是他短暂的一生却展现了一位服装设计师的英姿，他用实际行动证明了当年自己抉择的理想是正确的。然而前行的路上，并不像想得那么容易，需要付出更多的努力和心血。姜·巴度的人生经历再一次证实了：没有规划的人生不美丽，生活没有目标就像航海没有指南针。

知识链接

大仲马

亚历山大·仲马，称大仲马（1802年7月24日—1870年12月5日），法国19世纪浪漫主义作家。大仲马自学成才，一生著作达300卷之多，主要为小说和剧作。大仲马信守共和政见，反对君主专政。由于他的黑白混血身份，其一生都受种族主义的困扰。2002年，大仲马去世132年后终于移入了法国先贤祠。

指南针

指南针，又称指北针，前身是中国古代四大发明之一的司南。主要组成部分是一根装在轴上可以自由转动的磁针。磁针在地磁场作用下能保持在磁子午线的切线方向上。磁针的北极指向地理的北极，利用这一性能可以辨别方向。常用于航海、大地测量、旅行及军事等方面。最早的指南针是用天然磁体做成的，这说明中国汉族劳动人民很早就发现了天然磁铁及其吸铁性。

■ 有目标就会有动力

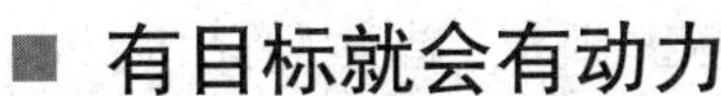

富兰克林·德拉诺·罗斯福说："实现明天理想的唯一障碍是今天的疑虑。"罗斯福一直被视为美国历史上最伟大的总统之一，是20世纪最受美国民众期望和爱戴的总统，也是美国历史上唯一连任4届的总统，任职长达12年。他是身残志坚的代表，也受到世界人民的尊敬，他的这句至理名言，被人们深深记住和应用着。

"创造美丽是我的生命。"这句话是创造时装界的帝王伊夫·圣罗兰说的，从他的话里让我们看出了他的自信，看出了他在实现自己理想的过程中是没有一点疑虑的。伊夫·圣罗兰1936年出生于北非的阿尔及利亚，他是男爵后裔，成长在一个充满阳光、条件优裕的家庭里。他的祖先多从事法律相关事业，他的父亲从商拥有保险事业及电影制作事业，他的母亲经营服装店，因此从小在家中他就可以从经常的晚宴中接触到许多时装服饰，他从小就对服装与搭配有着自己独特的见解。

伊夫·圣罗兰家里有照管房子的仆人，常常举办玩纸牌聚会、帆船俱乐部、剧院、别墅度假、鸡尾酒会等活动。他从3岁开始，常随着母亲去观赏洋娃娃戏剧，这让他开始喜爱那些花花绿绿的服装。4岁时，他已经成为母亲和阿姨的参谋，年轻女人们参加晚宴的服装饰品，都要经过他一一鉴赏建议。7岁时，他拿起来蜡笔、剪刀、卷尺，为自己的娃娃剧玩偶创造服装。9岁时，他的愿望不是拥有新玩具或者长大继承家业成为一名贵公子，他说："让我的名字出现在香榭大道的霓虹灯上吧。"

这话说出了伊夫·圣罗兰的梦想，因为他早就开始学习水彩画和服装

画。在他 12 岁时，在观赏歌剧后即对舞台布置和服装设计发生兴趣。17 岁时，他参加国际羊毛事务局的设计比赛，获得第三名。

虽然伊夫·圣罗兰的母亲经营着服装店，为他日后设计服装创造了得天独厚的条件，但是如果没有他对服装的浓厚兴趣，那么或许可以继续经营服装，却不能成为服装设计师，也不能获得时装界的帝王的称号。

伊夫·圣罗兰 17 岁那年来到了巴黎，由于家庭的关系和他在素描方面的基础使他顺利地进入时装界并开始为克里斯蒂·迪奥工作。18 岁时，他以一套不对称设计的黑色鸡尾酒宴服夺下第一名，而让世界知名的 Vogue 杂志采用其设计。后来迪奥去世，伊夫·圣罗兰接替了他的工作，在 19 岁时，他被迪奥公司聘为设计师，在当时迪奥公司的出品时装中，有三分之一作品是他设计的。同年，他被该公司选任为领导人。他根据迪奥的理念，利用 A 型线条设计出装饰有蝴蝶结的及膝时装，因此一炮走红，被誉为克力斯汀·迪奥二世。21 岁时，又临危受命成为迪奥首席设计师。

1962 年，伊夫·圣罗兰 26 岁时，自立门户，在塞纳河畔成立"RIVEGAUCHE"的服装店，并举行自己创业后的第一次发布会，获得成功。巴黎报纸将其誉为与纪梵希、巴兰夏加齐名的设计师。圣罗兰品牌因其亮丽的色彩及大胆的设计，令当地名媛趋之若鹜，故 YSL 有"色彩的创造者"的美称。

伊夫·圣罗兰说："我的作品设计独特，代表流行。"是啊，这位展现跨年代魅力，对时尚圈呼风唤雨的重量级设计师，对奠定法国巴黎为时尚之都的情势功不可没，他拥有艺术家的浪漫特质，他对色彩的精准拿捏以及挑战世俗的大胆作风，为时装界注入一股新的动力，让时尚彻底活了起来。圣罗兰是目前时装界一颗闪亮的巨星，被誉为"时装帝王"，他成了法国国宝级设计大师。

逐梦箴言

每个人都有一个五彩斑斓的童年，做过许多有趣的事，看过不少有趣的书，可是伊夫·圣罗兰却能在童年就明确自己的理想，他没有被富裕的家庭生活所困惑，而是借用富足的条件，学习更多的知识，在健康快乐中成长。他一生都是自信的，他那些成功的、睿智的设计，都是坚定自己的理想，在喜爱的服装设计行业取得了卓越的成绩。

知识链接

富兰克林·德拉诺·罗斯福

富兰克林·德拉诺·罗斯福，（1882 年 1 月 30 日—1945 年 4 月 12 日）。五岁时跟随父亲去见当时的总统克利夫兰，总统曾给他一个奇怪的祝愿："祈求上帝永远不要让你当美国总统。"可是他却成了美国历史上唯一蝉联四届（第四届未任满）执政时间最长的总统，也是最有威望的总统之一。在 20 世纪的经济大萧条和第二次世界大战中扮演了重要的角色。被学者评为美国最伟大的三位总统之一，同华盛顿和林肯齐名。

男爵

男爵是爵位名，是爵位制度中的一个等级。男爵一词，有"自由者"或"国王的臣仆"之意，但无尊贵的含义。英国男爵出现于 11 世纪。到 12 世纪初国王大部分高级世俗贵族都被封为男爵。其中少数与王室关系密切、封地较多者又被称为"大男爵"，其地位在伯爵和男爵之间。很快，大男爵发生分化，显赫者升为伯爵，其余与普通男爵不分伯仲。正因当时男爵在世俗贵族中占了很高比例，以至于"男爵"一词长期作为贵族的集合名词使用。11—14 世纪，男爵的封号和封地可通过血缘和婚姻关系传递，但不得随意出售和转让，历代国王也不随意增加或褫夺贵族封号。1387 年，理查德二世首次增补男爵爵位，比奥查姆波·德·豪尔特被封为基德敏斯特男爵。以后数百年至今，居于 5 级贵族之末的男爵始终人数最多。

有目标就会有希望

她被称为谜一样的女人，她还被称为巴黎时装界的常青树，她就是法国服装设计师格蕾夫人。她在人才济济的巴黎时装界赫赫有名，受到时装界各方人士的崇仰与尊敬。她用服装设计表现了自己的思想，她用时装诠释了美……

1903 年，“格蕾夫人”出生在巴黎，原名为杰曼·克莱勃斯。上世纪 30 年代，她在巴黎打出名声，成为高级时装领域的代表人物之一。一开始，她将自己介绍为“阿丽克丝”，后来，又改名叫“格蕾夫人”。“格蕾”源自她的艺术家丈夫，她的丈夫是名俄罗斯画家，在画作完成后，会签上“格蕾”的笔名。1942 年，杰曼·克莱勃斯创立了以“格蕾夫人”命名的时装屋，并一直执掌到 80 年代。

谈到成长，格蕾夫人说：“我年轻时曾梦想当一名雕刻家，做一个专门从事雕刻艺术创作的人。也像米开朗基罗、罗丹等雕刻大师一样用刻刀刻出人物的‘健美’，也能创作出维纳斯雕像一样的作品，可是后来由于种种因素，我将自己的兴趣转向了服装设计。一心想成为一名时装设计师。

“在那个时代，雕塑家是个不适合年轻姑娘的职业。于是我想，那就做活的雕塑。几乎是无意识的，我开始做起了衣服。我从来也不绘图，而是将面料在模特身上直接比量，这更能激发灵感。对面料进行剪切，观察它们落下的方式，研究它们之间的平衡关系——衣服与建筑之间有共通之处。”

格蕾夫人在一次采访中曾说：“手里没有面料的时候，我不知道该怎么

去做衣服。一旦手中有了面料，面料会自行落到它该去的地方。希腊雕塑家在制作雕像的时候，也是‘让材料说话’。”

格蕾夫人说的“种种因素”，我们已经明白，当格蕾夫人从雕刻转向服装设计时，她的技艺基本功还在，所有艺术灵感都是相通的，她的创作灵感还是鲜活的。只是她手中的材料是布料。对格蕾夫人而言，是材料在引导创作。她一直努力让自己的裙子变得醒目。对于早期的服装，她在希腊和印度、北非、日本等地寻找灵感，并尽可能减少剪裁和缝纫。这在后来将她引至了极简主义。在她之前，‘极简主义’这个词甚至没有被发明出来。她给时尚史带来的最直接的影响是她提供了永恒的风尚，她与某些作家和艺术家相似，都是用作品向人们提供了潮流以外的东西，她的作品的最大特点是单纯：在表面的简洁风格之下，隐藏着繁复的技巧。

1937 年，格蕾夫人在一位广告商朋友的支持下，开设了自己的第一家时装屋，开始了她的时装设计生涯。格蕾夫人在设计上一贯以造型流畅、高贵幽雅，充分展现女性柔美曲线的特质而著称。只要是穿上格蕾夫人所设计的服装，那种特有的优雅格调就会尽现。

1976 年 7 月，格蕾夫人荣获巴黎时装界最高荣誉的第一届金顶针奖，从此稳固了她在时装界的地位。她在设计上善于采用柔软的布料做出自然的褶皱效果，因此被誉为“布料的雕塑大师”，这与当年她想当一名雕刻家又有相同之处，只是用料不同，“布料的雕塑大师”令她更能灵活地运用自己的技艺，让她把服装作品设计得活灵活现。她成了戏剧演员、名人明星等喜爱的服装设计师，“名人效应”迅速扩大了她作品的影响力，她担任了巴黎时装协会的名誉会长一职，负责各项时装活动的筹划。

后来，一位名叫奥利维·塞拉德的人，决定将收藏的 80 件格蕾夫人的高级定制的作品，与若干希腊雕塑放在作品一起，陈列在巴黎的布尔代勒博物馆里。这是一场格蕾夫人的纪念展，名为：“格蕾夫人：工作中的高级定制。”

格蕾夫人作品纪念展另外一个名叫劳伦·科塔的联合策展人说：“展览的出发点，是因为巴黎时装博物馆有 300 余件珍藏的格蕾夫人作品，这是令我们十分骄傲的事情。早在两年前，我们就计划组织一次格蕾夫人纪念展。”

是啊,在一年前,奥利维·塞拉德开始担任巴黎时装博物馆的新总监。当他第一次见到馆藏的格蕾夫人作品之后,他感到非常震惊,决定将自己加入博物馆的第一场展览定为格蕾夫人的致敬展。可见,格蕾夫人设计的作品在人们心中的分量。

但在筹备格蕾夫人作品纪念展时,却遇到了意料之外的难题,正如劳伦·科塔说的那样:"我们的困难在于如何选择展品。格蕾夫人的作品,不论是从选料、设计还是剪裁上说,都是最高水准的。我们希望展出最具代表性的作品,既有著名的褶纹晚礼服,也有并不广为人知的极简主义日装,还有一些富于私人情感的作品。设计师阿瑟丁·阿拉亚是格蕾夫人的'粉丝',他收藏了很多件格蕾夫人的作品,这也是我们选择的原因……我们希望,这些作品不仅能展示格蕾夫人永恒的才华,也希望大家进入展厅时能感受到,它们在等待被人穿着。"

格蕾夫人作品纪念展,让人们再一次见证了这位20世纪最重要的精彩,"女神裙"的来历更多次被人们讲起,因为她曾经与克里斯托巴尔·巴伦西亚一道,被称为"设计师中的设计师",因为他们在服装设计行业都是毋庸置疑的天才。

如今,多少年过去了,格蕾夫人在服装设计行业依然有着被人尊敬的地位,她像所有一流的艺术家和作家一样,她永远是一位"影响创作者的创作者"。

逐梦箴言

格蕾夫人是服装设计界的奇才。她本来的理想是做雕刻家，可是在实现理想的过程中，她看到了自己的弱点，因而她转变观念，把理想“升级”，虽然后来她没有成为雕刻家，而是成为服装设计师，但是人们在她的作品里还是找到了一个雕刻家的魅力，她被誉为“布料的雕塑大师”，她用布料展示了创作者心灵的美丽。

知识链接

维纳斯

维纳斯是古代罗马神话故事中的女神，相对应于希腊神话的阿芙罗狄忒，小爱神丘比特就是她的儿子。拉丁语的“金星”和“星期五”等词都来源于此。维纳斯也出现在诸多历代文学作品和西方油画里。影响力最大的艺术品是 1820 年在爱琴海米洛斯岛的山洞中发现的维纳斯雕像。

极简主义

极简主义是一种设计风格，感官上简约整洁，品味和思想上更为优雅。西方的传统艺术是统一的理想，现代艺术是一体的样式，后现代艺术是单一的信条。根据艺术史上的介绍，极简主义用来称谓六十年代美国艺术家的一项艺术活动，包括绘画和雕塑，其主要影响还在于雕塑方面。

智慧心语

人应当一切都美，外貌、衣裳、灵魂、思想。

——契诃夫

你可以从外表的美来评论一朵花或一只蝴蝶，但你不能这样来评论一个人。

——泰戈尔

千万不要华丽低俗，因为从衣服上往往可以看出一个人。

——莎士比亚

优雅不在服装上，而是在神情中。

——伊夫·圣罗兰

第四章

有行动才会有创造

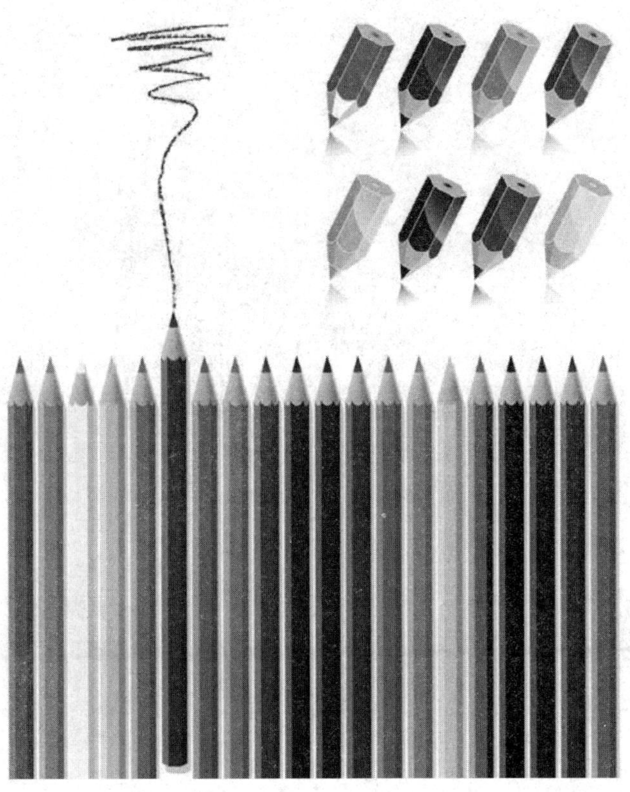

导读

人活着，就要为了一个目标而去奋斗。自信的人创造辉煌，你有怎样的理想，往往就决定着你将采取怎样的行动，取得怎样的成绩。没有行动，你人生的“记录簿”上将永远是零或者是一片空白。有理想谁都了不起，有行动就能创造出奇迹——

有行动就会有收获

文学家史立兹说："理想如晨星，我们或永不能触到，但我们可像航海者一样，借星光的位置而航行。"古人喜欢登高而赋，在他们看来目标就像天上的一颗星，登上高山，会离理想更近些。理想需要坚持不懈的行动努力，空想是不可能实现的，想要实现理想就要脚踏实地。给自己定一个目标，把这个目标分解成一个个小目标，实现起来比大目标要方便，对自己能实现理想也更有信心，这样才能一步步到达你的理想。有着时装魔女之称的张天爱说："人生目标比赚钱更重要"，理想如星辰一样成了她生命的导航器，让她最终取得骄人的成绩。

张天爱 1961 年出生于香港的一个豪门世家。父亲张有兴是第一位香港华人市政局主席，兼任九年的立法局议员，出生在南美，后移居英国，是典型的英国式绅士。张天爱从小随父母辗转于南美各地，受尽了种族歧视。这段经历打磨了张天爱日后的坚强性格。在她 9 岁那年，在世界多达五千余名的儿童中，她作为 10 名儿童之一被荣幸地选进入了蜚声世界的英国皇家芭蕾舞学院求学，13 岁时，张天爱亲手做出了第一件自己设计的衣服，那是一件"改装"牛仔裤。1980 年，年仅 19 岁的张天爱以客座艺术家的身份回到香港，并第一次以模特儿身份参加香港贸易发展局的时装表演。这时她终于确定了自己的人生方向，就是要从事时装设计，于是她又到巴黎歌剧院和纽约工艺学院作进一步深造，学习西班牙舞、民族土风舞、人物造型舞、中国传统舞……这其间，凡是与时装有关的艺术门类她都涉猎过，如

音乐、歌剧、舞台装妆、绘画、雕塑等，这为她后来从事服装设计事业打下了坚实的基础。

张天爱是具有为艺术献身精神的一个人。她说："老牌的英国皇家芭蕾舞学院以此为宗旨教育孩子们。在学校里，除了病得实在爬不起来了，是不可以躺在床上偷懒的。学芭蕾的日子是苦的，而芭蕾所展现出来的美却令人无法抗拒。没有一种为艺术牺牲的精神就不会有美。我觉得上天给了我坚强的脊梁，真的可以吃苦。即使病痛也要坚持，即使双脚鲜血淋漓、骨头破碎也要坚持。"

1981年，她创立了个人的时装品牌"Pavlova"，1991年创立了新的时装品牌"TianArt"。从这以后，荣誉与光环一直与张天爱如影随形：她是舞蹈家，又做过模特，同时还曾在7部影片中担纲女主角，同时，她还是大型艺术晚会的赞助人和策划者，欧中文化交流计划的艺术总监与董事……之后，又连续荣获"香港十大杰出衣着人士"及"杰出青年"的称号。

张天爱一个人身兼数种职能，但是在众多行业中，张天爱还是对做时装情有独钟，她最后还是将自己定位在时装设计师。她说："还是在做学生的时候，曾为各种歌剧作过服装设计，虽然好评如潮，但当大幕一落，一切便都结束了。知道做这些可以使自己财源滚滚，可是，比挣钱更重要的是要确立自己的人生目标。于是，我毫不犹疑地创立了自己的时装公司和品牌。"

中国的传统精髓在张天爱的心目中一直占着重要的位置，骨子里都是博大精深的传统文化印记。"因为从小在外国成长，所以更懂得珍惜和欣赏中国本土的东西，也希望能发扬其精华和特色。我觉得过去中国有太多好东西，但后来并没有得到很好的发扬。西方国家一般都不尊重亚洲设计师，事实上是因为我们的确没有建立起自己的特色。"

从做时装开始，张天爱就以极女性的姿态演绎自己的作品，一直贯彻"女性"方向。当世界大潮在玩什么中性打扮、性感冷艳时，依然走自己的时装路。从她的作品中可以感觉到，她的思想仿佛还徘徊在怀春少女的情怀中。她说："做服装时，能挥洒表达个人世界的独特感受，而并不为具体

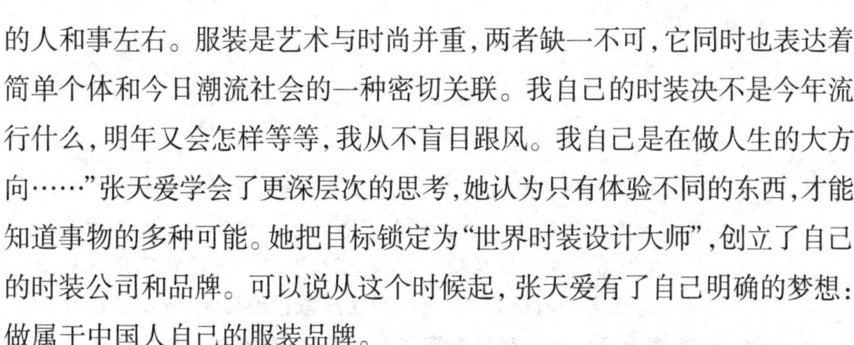

的人和事左右。服装是艺术与时尚并重，两者缺一不可，它同时也表达着简单个体和今日潮流社会的一种密切关联。我自己的时装决不是今年流行什么，明年又会怎样等等，我从不盲目跟风。我自己是在做人生的大方向……”张天爱学会了更深层次的思考，她认为只有体验不同的东西，才能知道事物的多种可能。她把目标锁定为“世界时装设计大师”，创立了自己的时装公司和品牌。可以说从这个时候起，张天爱有了自己明确的梦想：做属于中国人自己的服装品牌。

在时装界，人们一触摸到张天爱的时装，又总会把她和中国的名字联系起来。她设计的一系列以毛泽东为题的作品从“毛装到玉装”，从“圣像到嘲讽”及“过去十年设计总汇”日前已分别被挪威、伦敦和香港等国家和地区的著名藏馆收藏。张天爱说：“自己是沾了毛主席的光。再就是，她觉得自己的衣服卖多卖少其实并不十分重要，重要的是能否进入到博物馆，因为后者是服装的最高层次，更有持久性和历史感，也为中国人争了光。

此后，张天爱又创立了个人的高级女装系列及多款成衣品牌，当中包括男士服装系列。她又为世界各地超过 100 间不同的国际公司设计制服，并在美国、英国、法国、意大利、德国、巴西、中国及多个东南亚国家开设批发及零售服装专卖店。她的个人时装设计更收藏于伦敦、挪威、香港及中国的著名艺术馆与博物馆。她曾在世界各地成功地组织并参与设计了 100 多场时装表演及发布会，还为众多芭蕾舞比赛及歌剧表演担任艺术总监与舞蹈编排的工作，赢取了很多国际奖项。

如今，张天爱在时装设计领域已工作 20 余年。对于时装，张天爱有时简直达到了痴迷的程度。同许多女人一样，她见到好看的衣服就倾囊购买，而且毫无节制。她总想改掉这个“不良”习惯，但是，屡试屡败。只是和众多女孩儿不同的是，她更注重靓衣华服的设计本身，里面的质料与裁剪等，她是站在行家角度在看“门道”。

张天爱说：“我设计的服装，要适合那些有个性的年轻专业人士。”她的 PAVLOVA 时装集团亦已在日本、东南亚、中国扬名，在国际上也是小有名气了。她活跃在商场，是一个成功的时装设计师的典范。

逐梦箴言

从小受到的英式教育开阔了她的视野，让她成了一位具有多种超长天赋的人。但她把从事服装设计作为自己真正的梦想，并执着为这个梦想积累知识，积极前进。她把作品定格为以中国元素的时尚为主，渐渐树立起自己的风格，经过多年努力，她已在世界时装界奠定了自己的地位，她成了一位能成功利用设计把女性的美态和气质表露出来的时装设计师。

知识链接

绅士

绅士，或曰士绅，旧指地方上有势力的地主或退职官僚。在中国指旧时地方上有势力，有名望的人，一般是地主，或退职官僚。

种族歧视

种族歧视是种族与种族之间的鄙视。统治阶级根据种族和民族的特征，划分人们的社会地位和法律地位，敌视、迫害和不平等地对待其他种族的行为。是阶级剥削制度的产物。种族歧视始于古罗马帝国时代。其现代形式是从资本主义原始积累时期开始的，主要包括剥夺选举权、受教育权和其他权利，压低工资，任意逮捕、拷打甚至杀害，强行限制在“保留地”内居住等。迄今为止，还有许多资本主义国家普遍存在种族歧视现象。

■ 有行动就会有成效

在服装界，一说起三宅一生的设计，人们也会联想起纯正的日本版，就会想到他的褶皱服装和他这位褶皱大师时尚精魄。

在服装上利用褶皱做文章，采用独树一帜的奇特面料，加上超凡的创造力，硬是让三宅一生在才子如云的巴黎时装界站稳了脚跟。他的成就不仅令日本人骄傲，按法国人的说法，在他面前，不光法国的时装大师们，就连高耸入云的艾菲尔铁塔也像是少了一些霸气。

他是日本著名的服装设计师，他以极富工艺创新的服饰设计与展览而闻名于世，他创建的品牌服装，成为声震寰宇的世界优秀时装品牌。然而回首他的成长历程，回忆他崎岖不平的童年道路，奋起求知的留学生涯，理想就像黑夜里的明灯一样始终照亮了他的心灵。

三宅一生 1938 年出生于日本广岛。小时候曾患脊椎炎，母亲不惜变卖家产竭尽心力为他治病，当他重病初愈时，"广岛原子弹事件"突然让他失去了多位亲人，他的母亲也被严重烧伤，并在 4 年后去世。三宅一生本人也从此遗下两腿长短不一、走路微跛、常感到刺痛的隐患。失去亲人，又身患残疾，但是这双重打击并没有摧折他对艺术的酷爱和乐观向上的进取心。

三宅一生童年的志向是想当一名画家，可是到了十几岁，他却总被橱窗里的时装模特儿所吸引，美丽精致的仿巴黎时装成了他的"启蒙老师"。他开始从借来的法国杂志上临摹时装画，最令他崇拜的正是一代宗师巴伦

夏卡的作品。后来，他进了东京多摩美术学院设计系，学习服装设计。他的第一个设计系列命名为“物与石之诗”，这个作品显示了他与众不同的设计风格和理念。

1965 年，27 岁的三宅一生进入巴黎女装联合会设计学校学习。1968 年至 1969 年，他先后担任法国设计师纪·拉罗什和纪梵希的助手，1969 年他又来到纽约，成为时装设计师吉奥弗雷·比内公司的成衣设计师。在西方高级时装和成衣界修炼多年，积累了丰富的经验。他想借鉴日本的传统文化，用日本自己生产的材质，“发掘出和服后面的潜在精神”，建立一个世界知名的服饰品牌，向主宰时装界的西方传统宣战。1970 年，32 岁的三宅回到东京，准备实现日益成熟的梦想。

然而成功之路是艰辛坎坷的，但是不管经历多少风雨，他仍坚持着自己梦想。1971 年 2 月，他在东京第一次展示新时装系列，而这次发布会并不成功，人们不理解三宅一生的宽松的服饰设计内涵，嘲笑他设计的是“装土豆的口袋”。可是他却没有被嘲笑声吓倒，而是坚持举办各种大型服装表演，他想让日本人能更多一点了解他作品里渗透的日本民族精神和情趣。终于，1973 年，他在巴黎举办的服装表演成功了，他开始引起西方服饰界的广泛关注，社会舆论纷纷议论这位时装界的新星。美国著名爵士乐手戴维斯说：“三宅一生的设计方法就像演奏音乐的方法一样，轻轻一按琴弦，就能奏出一个文雅的旋律来……他是一个艺术家，也是超过一般传统服饰概念的设计家，我真恨我不能穿三宅设计的衣服，不是尺码太小穿不下，就是女式服装，我只能把他的东西买来钉在墙上，当我心情不佳时就可以看看它们。”

三宅一生的时装风格终于让人们领悟到了原来只有人类与自然的和谐与统一才是美的最高境界。1976 年，三宅一生回到日本的时装表演更是盛况空前。著名美国画家劳生柏格说：“三宅是一个国际艺术家，是日本影响最大的艺术家，他支持着整个艺术界。”是啊，他就是位有着不同凡响独创性的服装创造家和面料魔术师，他的独创性已远远超出了时代的和时装的界限，显示了他对时代不同凡响的理解，他的作品风格独特，个性很强。

评论界认为他所表现的是活动的雕塑。

三宅一生说:“衣服穿在外面,但必须用心体会。”因此,他特别重视布料所传达的信息,布料的性质及特点是他创作的灵感来源之一,衣服上的线条、织物的色调,往往会成为他表现手法上的借鉴。他的作品有一种无结构、无拘束的社会态度,使得作品总是那么与众不同。三宅一生的时装源于日本,却又有西方作品的精神。他的作品不仅仅是装饰胴体,还非常强调内部和外表的造型结构。他的作品具有名副其实的艺术特征,他也因此成为服装设计大师。三宅一生的发布会在当今的时尚舞台是一道亮丽独特的风景线,是时尚的标榜。

三宅一生被誉为“这个时代最伟大的服装创造家”。他的设计摆脱以往设计的常规,敢于向传统设计挑战,抛弃传统服装的包裹意义,自由发挥想象的空间。他的设计大胆,似乎是在蔑视传统,但是作品的流畅与自如使身体得到最大限度的自由。三宅一生 1977 年荣获“1976 年全日设计奖”;1983 年又获美国时装设计协会奖;1984 年,获得美国时装设计师协会奖和 MAINICHI 设计奖;1985 年,在巴黎获得时装奥斯卡奖;1997 年,获得日本政府颁布的紫绶带奖章……这些奖项,证明了他是位艺术造诣很高的设计师,他成了闻名世界的褶皱大师。

逐梦箴言

童年经历的苦难并没有减弱他对理想的追求,他冲破传统的束缚,向受限制的世俗宣战。他在细密褶皱布料中注入更多的新意,表现出了东方设计理念上的超前活力,他将自己在设计造型方面的作用发挥到了炉火纯青的境界。他掀起一场流行的革命,给服装界带来了一片崭新的天地,他为确立东京为国际时装之都的地位作出了突出贡献。

知识链接

埃菲尔铁塔

埃菲尔铁塔是一座于1889年建成位于法国巴黎战神广场上的镂空结构铁塔,高300米,天线高24米,总高324米。埃菲尔铁塔得名于设计它的桥梁工程师居斯塔夫·埃菲尔。铁塔设计新颖独特,是世界建筑史上的技术杰作,因而成为法国和巴黎的一个重要景点和突出地标。

广岛原子弹事件

广岛原子弹事件是指第二次世界大战末的1945年8月6日美国在日本广岛投掷原子弹。1945年夏,日本败局已定。美国总统杜鲁门和美国政府想尽快迫使日本投降,也想以此抑制苏联,选定日本东京、京都、广岛、长崎、小仓、新潟等城市作为投掷原子弹的备选目标。此前,美国、英国和中国发表了《波茨坦公告》,敦促日本投降。7月28日,日本政府拒绝接受《波茨坦公告》。8月6日和9日美军对日本广岛和长崎投掷原子弹。2010年8月,美国决定派遣驻日大使罗斯出席"原子弹和平纪念仪式"。这是美国在日本投下两颗原子弹后,首次派高官到日本参礼。

■ 有行动就会有未来

"理想即寻觅目标的思维"。这句话告诉我们:每个人都有自己的理想,理想就是我们每个人努力和判断的方向。人生的真正欢乐是致力于一个自己认为是伟大的目标,然后才能清楚而有智慧的规划自己的未来。乔治·阿玛尼是著名的意大利时装设计师,是全球著名奢侈品牌 Armani 的创始人,他秉承了"理想即寻觅目标的思维",他说:"我进入时装界,纯粹是误打误撞,我原本与时装界无关,是在百货商店布置橱窗的工作改变了我的一生。"

1934 年 7 月 11 日,乔治·阿玛尼出生在意大利北部的皮亚琴察。皮亚琴察是意大利最著名的艺术城市之一,它拥有众多历史性的宫殿,许多宫殿拥有豪华的花园。可是在这个城市里长大的乔治·阿玛尼,却常常被家人带到教堂里去,让他过早的在心里种下了"慈善"的种子。乔治·阿玛尼的父亲开了一家运输行,家里有 3 个孩子,他排行老二。他祖父在皮亚琴察城里经营一家假发店,专为当地剧院制作 10 世纪式样的假发。他说:"老祖父常常把我带到剧院后台,在那里,舞台的景色使我着了迷。"

童年的乔治·阿玛尼爱好广泛,在当地公共学校读书期间,狂热地迷上了戏剧和电影。后来,顺从家人意愿,他被迫进入米兰大学医学院。不过,由于晕血症,他在医学院学习两年后还是中断了学业,又系统学习摄影技术,但是在他 18 岁的时候,却加入拉瑞那斯堪特百货公司担任采购一职,正如他说的,百货商店布置橱窗的工作改变了他的一生,后来又以业余身

份替数家公司担任时装设计助手,因此奠定了他日后丰富多变的设计风格特色。27岁时,乔治·阿玛尼应聘到“尼诺·切瑞蒂”成了一名男装设计师。虽然他不像其他科班出身的设计师那样,是默默无闻的,但“尼诺·切瑞蒂”是意大利著名的服装品牌,原在法国巴黎注册,等到乔治·阿玛尼做男装设计师时,公司已经闻名海外,是服装品牌里的大牌子,许多明星影星纷纷光顾这里。

乔治·阿玛尼在这家公司里一直到1975年,在他41岁时,和他的爱人兼合伙人塞尔焦·加莱奥蒂共同创办了自己的服装公司。他白手起家、自学成才,事业蒸蒸日上,成了服装设计界的奇迹。

回顾自己以前设计的作品,乔治·阿玛尼自己都觉得可笑。然而随着时代的发展,乔治·阿玛尼也在逐步走向成熟,就他的设计风格而言,它们既不潮流亦非传统,而是二者之间很好的结合,在每个季节,乔治·阿玛尼的设计理念都会有一些修改,全然不顾那些足以影响一个设计师设计风格的时尚变化,因为他相信品牌的质量更甚于形式上的更新。

在好莱坞,乔治·阿玛尼更是影星们迷恋的设计师,美国前总统克林顿、电脑大亨比尔·盖茨也都是他的顾客。他的照片登上了《时代周刊》的封面,而在此之前,时尚界只有迪奥曾获此殊荣。

乔治·阿玛尼现在已成为时装界最响亮的品牌之一。现在已是在美国销量最大的欧洲设计师品牌,他以使用新型面料及优良制作而闻名。曾获奈门–马科斯奖、美国国际设计师协会等奖项,曾在14年内包揽了全球全羊毛标志奖、生活成就奖、美国国际设计师协会奖、库蒂·沙克奖等30多项服装大奖,其中包括闻名遐迩的“顺风威士忌”,且男装设计师奖被他破纪录地连获六次。

乔治·阿玛尼说:“我的设计遵循三个黄金原则:一是去掉任何不必要的东西;二是注重舒适;三是最华丽的东西实际上最简单。”天才阿玛尼已经年近古稀,却依然对工作狂热、要求严谨、事必躬亲。他说:“工作就是我的生活,我没有闲暇留给他人。”他的朋友说他和他的时装在一起时,竟没有一点寂寞的味道。时装可能对于阿玛尼来说就像空气一样,没有的话他会窒息。

多年以来，乔治·阿玛尼总是以休闲个人形象出现，灰色的头发整齐地梳着，穿一件海军蓝的开司米开衫，配一件简单的T恤衫和卡其布男裤。他既不吸烟也不喝酒。因此他一直被媒体形容为一个沉默寡言、害羞而骄傲的人。但是他在慈善方面却是大方和慷慨的。乔治·阿玛尼的募捐物品，每件都是独一无二的，代表着爱心不落人后的象征，所有募集的款项，分发到世界各地，帮助需要帮助的人们。2002年，为了表彰他在救助难民事业上的突出表现，联合国难民事务高级专员公署邀请乔治·阿玛尼出任该组织的亲善大使。

乔治·阿玛尼说："我们有责任使这个世界更加美好。尤其是对青少年难民的救助，帮助他们重建生活。毕竟，儿童是世界的未来。"

乔治·阿玛尼成了世界顶级服装设计师之一，是意大利时装设计泰斗，他在国际时尚界是一个富有魅力的传奇人物，他设计的作品优雅含蓄，大方简洁，做工考究，集中代表了意大利的时尚风格。在时装设计上的非凡成就并不是他成功的最终标准，对于慈善事业的不懈追求才是他个人魅力最有力的彰显。

逐梦箴言

看乔治·阿玛尼这位世界时装大师是如何走上时装之路的，让我们感到：人的理想和志向往往和他的能力成正比。人在不同的人生阶段都需要理想。理想不是一只细瓷碗，破碎了不能锔补，但理想是朵花，凋谢了可以重新开放。理想就在我们自身之中，如果理想失去了，青春之花也便凋零了，生命之花也会随之枯萎。

知识链接

晕血症

晕血症又叫“血液恐怖症”，是指病人由于见到血液而产生的晕厥现象，主要表现为头晕，恶心，目眩，心悸，继而面色苍白，出冷汗，四肢厥冷，血压降低，脉搏细弱，甚至突然意识丧失。施救时应首先将患者平卧，喂饮温开水或糖水，休息 10 至 15 分钟，一般可以恢复，必要时需给予药物抢救治疗。晕血症非器质性疾病，而是一种心理疾病，属于恐惧症中的一种。

《时代周刊》

《时代周刊》是美国影响最大的新闻周刊，有世界“史库”之称。1923 年 3 月由亨利・卢斯和布里顿・哈登创办。该报刊的宗旨是要使“忙人”能够充分了解世界大事。并辟有多种栏目，如经济、教育、法律、批评、体育、宗教、医药、艺术、人物、书评和读者来信等。是美国第一份用叙述体报道时事，打破报纸、广播对新闻垄断的大众性期刊，覆盖面遍布全世界。

有行动就会有回报

法国著名时装设计师于贝尔·德·纪梵希是师奥黛丽·赫本风格缔造者，他的成长之路上洒满了阳光，也充满了理想。他一路走来，靠着勤奋和努力，得到了丰厚的回报。

1927年2月21日，纪梵希出生在法国诺曼底北部的一个名叫博韦的城镇，他出生在一个艺术世家。他的家庭非常富有，父亲是矿山业主，多个亲人都是从事设计女装工作的。虽然纪梵希从小就展露其艺术天分。在他10岁那年，家人带他去参观巴黎万国博览会的服装馆，他惊叹服装世界里的多姿多彩，他对妈妈说："我现在就要开始做以自己名字命名的纪梵希LOGO设计，我长大要做一个服装设计师。"

虽然这只是一个10岁孩子的童言趣语，但是当若干年后，那位有着湛蓝的眼眸，银白的发丝，爽朗的笑容，身高198厘米的"时尚巨人"纪梵希，凭借其独树一帜的优雅格调，在时尚界享有盛名，半个世纪以来持续不辍，他与奥黛莉·赫本的惺惺相惜，以及他所创造出的"赫本旋风"时，再回首看看他童年的梦想时，感觉这是时装流行史上的一则佳话。

可是当年妈妈听了他的话，却摇着头说："我们都不赞同你从事时装事业，而是希望你能成为一名律师。"

纪梵希自信地说："我已经坚定了自己的的选择，要成为一名时装设计师。"

父母没办法，只好顺从他的意愿，把纪梵希送到美术学校里学习。1945年，18岁时，他就一边在学校里学习，一边到英国著名的"吉旺希"工作室里实习设计，之后又跟随"罗伯特哨兵"等多家设计师学习。

1952年2月2日，对纪梵希是个重要的日子，因为他在这一天首度在巴

黎推出个人的作品发表会。在这场以白色棉布为主，辅以典雅刺绣与华丽珠饰的时装展中，他的创意才华令在场人士惊叹不已，同时也奠定了纪梵希在时装界的崇高形象。同年，创建“纪梵希工作室”，他设计的服装让女人对他钟爱不已。著名的“一字领”、“曳地碎花长裙”，经典、高雅、时髦，属于纪梵希的美丽篇章一页又一页，精彩而动人。几十年来，这一品牌一直保持着“优雅的风格”，在时装界几乎成了“优雅”的代名词。而纪梵希本人在任何场合出现，总是一副儒雅气度和爽洁不俗的外形，因而被誉为“时装界的绅士”。

1953年，纪梵希开始为好莱坞电影明星设计服装，并受到前所未有的欢迎。两个世界著名女性——奥黛莉·赫本和杰奎琳·肯尼迪，演绎了纪梵希的经典设计风格：精致高雅典范，纯洁完美无瑕。纪梵希说：“别人告诉我赫本小姐将要来为她的下一部电影《萨布丽娜》挑选服装，我以为是凯瑟琳·赫本，由于我十分欣赏凯瑟琳·赫本，而能为她工作真是太神奇了。但是当我打开了工作室的门，一个年轻的女子飘然而至，非常的纤细高挑，有着母鹿般的双眼，短短的发型，穿着窄裤，T恤衫，拖鞋，水手帽上还扎着一条红色的缎带。我告诉她：小姐，我很乐意帮助你，但我只有很少的几台缝具，而且我正在准备新的展览，我实在是不能为你设计服装了。”

奥黛莉·赫本说：“可以让我看看你曾经展览过的服装吗？”她试了几套服装后说：“这就是我所想要的！”就这样纪梵希设计了奥黛丽在电影中最成熟世故的服装。纪梵希与奥黛丽共同创造出了一个神话“奥黛丽·赫本风格”，1957年，这位女演员的芳名出现在纽约时装协会推选的全球十位最迷人的女性之列。从这以后，最富有与最著名的女性们开始身穿纪梵希的时装——温莎公爵夫人，惠特尼斯，玛丽娅·卡拉斯，伊斯兰教徒的公主艾加·可汗斯，杰奎琳·肯尼迪以及摩纳哥的格蕾丝王妃。她们在出席午宴抑或是豪华晚会时都获得了人们的赞叹，给人们留下深刻的印象。

1988年，纪梵希被法国著名奢侈品集团LVMH所收购。4G标志分别代表古典、优雅、愉悦以及“纪梵希”，这是纪梵希当初创立“纪梵希”时所赋予的品牌精神。时至今日，虽历经不同的设计师，但“纪梵希”的4G精神却未曾变动过。纪梵希品牌曾获得金顶针奖、军团骑士荣誉、奥斯卡优雅大奖等奖项，凭借其独树一帜的优雅格调，在时尚界享有盛名。从1953年延续到90年代，奥黛莉·赫本式晚礼服一直是纪梵希服饰的象征与标志，几十年来此品牌一直以“优雅的风格”而著称于世，纪梵希也受到国际关注。

逐梦箴言

纪梵希用理想的太阳光照耀着他生命的每一个航程，服装设计成了反映他美的心灵的眼睛；他的作品在空灵而儒雅中绽放着柔美的气息，他用自己的设计，向世界传递了完美的韵律；他将精湛的技艺发挥到了炉火纯青的境界，确立了他自身的在服装界的国际地位，他创造了经典的传奇。

知识链接

LOGO

LOGO是徽标或者商标的英文说法，起到对徽标拥有公司的识别和推广的作用，通过形象的LOGO可以让消费者记住公司主体和品牌文化。网络中的徽标主要是各个网站用来与其它网站链接的图形标志，代表一个网站或网站的一个板块。另外，LOGO还是一种早期的计算机编程语言，也是一种与自然语言非常接近的编程语言，它通过“绘图”的方式来学习编程，是对初学者特别是儿童进行寓教于乐的教学方式。

奢侈品

奢侈品在国际上被定义为“一种超出人们生存与发展需要范围的，具有独特、稀缺、珍奇等特点的消费品”，又称为非生活必需品。奢侈品在经济学上讲，指的是价值/品质关系比值最高的产品。从另外一个角度上看，奢侈品又是指无形价值/有形价值关系比值最高的产品。奢侈品的消费是一种高档消费的行为，奢侈品这个词本身并无贬义。中国是全球奢侈品消费的大市场之一。2010年，中国消费者购买了107亿美元的奢侈品，占当年全球消费品市场的四分之一。

智慧心语

我的理想是赋予服装灵气，使它有灵魂，使一件衣服可以随时间环境的不同随意地穿成不同的样子。为人服务。清爽的颜色，简洁的款式。我想这与我的平和的心态、性格有关。我会为不同的人设计不同颜色不同款式的服装。

——张天爱

一直将创造与众不同的东西作为自己的挑战。

——三宅一生

被抄袭是一种赞美。

——乔治·阿玛尼

目标越接近，困难越增加。但愿每一个人都像星星一样安详而从容地不断沿着既定的目标走完自己的路程。

——歌德

第五章

有思想才能有作为

导读

人，如果有了理想，就找到了一条指明方向的路，走在这条无穷无尽的路上，或许会有坎坷，但有了理想和目标之后，就会寻找攻克困难的办法，就会努力地前进。树立一个理想，是每个人一生中必须要办的一件大事，有理想才有作为。

■ 思想与尊严同在

思想与尊严同在，尊严与荣耀同行。在追求成功的道路上，她提出自己的新观点：尊重每一寸面料，包括它的缺点；将每一幅面料都变成“可珍藏的艺术品”，她就是被称作时装界的“环保大师”和“最中国的设计师”的梁子。

梁子，1965年出生在浙江绍兴的一个小镇上。和大多数女孩子一样，由于从小特别喜欢漂亮的衣服，而萌生了对美术、对服装设计的兴趣。高中毕业后，梁子没有遵从家人的意见考大学。她说：“理科大学就是考进去我也不愿意读，因为我不喜欢，而那时候在小镇里根本也不知道有服装设计这种专业。”

听到女儿为自己的未来有了明确的方向，父母把她送到当地一位有名的师傅那里学做服装。梁子说：“这是我第一次接触服装，尽管只是一名学徒，但我觉得认真就能够做成事，无论在哪个岗位上都必须认真。”

在拜师学艺的过程中，梁子努力地学习裁剪、制作、绣花等各项工艺。渐渐的，梁子在颜色的搭配，平面制图等方面的技艺马上显露出来。她的师傅对她说：“你只用一个月的时间就把人家学了两年多的东西全部学会了，很有服装的天赋。”

师傅的话，更加坚定了梁子的信心。虽然她当时只是一个“裁缝”，但是她要有尊严的活着，她要在时装设计上实现自己的远大理想。就这样，她在镇上开了一家服装店，当时小镇上追赶时髦的年轻人，都以穿梁子设计的衣服为时尚。心灵手巧的梁子被人们亲切地称为“小服装设计师”。

1984 年，梁子离开家乡小镇，到浙江丝绸工学院"西装精做培训班"进修。凭着勤奋和技术能力，半年后，梁子被学院服装系工艺实验室聘用为工艺师。从小镇跳到大城市，梁子的视野随之开阔。在杭州这段时间，她初次了解到大学里还有服装设计专业。于是下决心报考服装设计专业。那段时间，她白天拼命工作，使自己的服装工艺技术有了极大的提高，晚上发奋学习文化课，不到一年就考入了西北纺织工学院服装设计专业。

1990 年，梁子毕业于西安工程大学服装设计本科，在校期间 6 次参加全国及省级服装设计比赛，并 6 次获奖。曾先后远赴法国巴黎高级时装公会学校和美国纽约时装学院求学，汲取国际时尚设计理念，她深谙中国文化底蕴，对国际时尚潮流有着深刻的理解和独到的把握。她是"天意"品牌首席设计师，是深圳市梁子时装实业有限公司副总经理，是天意品牌设计总监，是中国服装设计师协会理事，时装艺术委员会委员。梁子 1994 年创立"天意"服装品牌，发现莨绸，并设计开发"天意莨绸"时装。由于与生俱有的服装设计天赋，让梁子与服装和布料线结下了不解之缘。在服装设计过程中，她对莨绸有着特殊的感情，让莨绸因为有了她的关注，而改写了命运。

莨绸，是一种平纹组织，又名"黑胶绸"。它是以桑蚕丝为原料织成白坯绸，再用植物中草药——薯莨的汁液浸染，在日出前将经过浸染的白坯绸铺在草地上，布面涂抹广东当地独特的无污染小河塘泥，在露水的蒸腾中，薯莨汁与塘泥相互渗透交融，莨绸的油润的光泽也逐渐显现。正反异色的莨绸，黑色一面微闪光泽，啡色一面如陶似瓦，有龟裂纹理。薯莨榨汁、浸染后的残渣可返归土地中化为肥料，而河涌淤泥，在清洗面料时又复归于水中，这一切仿如佛教中的轮回，一匹莨绸，竟将自然界里环环相扣的各种元素与人世的种种人情道理融为一体，让人惊赞！

在上世纪二三十年代，莨绸曾经是贵极一时的时髦衣料，在浩荡的中国的工业现代化进程中渐渐低调地退出了人们的视野，在八九十年代近乎绝迹，在 15 年前，梁子拯救了这种濒临灭绝的至少具有 500 多年历史的中国珍贵传统生态面料莨绸，并致力对其进行保护、传承和设计研发，让莨绸这种天然环保的手工面料再次以时尚的新面目回归到人们的生活，让关于

莨绸的故事，在一名叫“梁子”的女人的光环里，再次被回忆、被延续。

莨绸，手感清凉爽滑，制作过程完全纯手工，制作一件衣服共需十几道工序，十多天方可完成。梁子擅长将东方元素与国际时尚完美结合，以“平和 健康 美丽”为理念，追求“天人合一”的和谐之美。她坚持原创，使用莨绸制作出来的服装体现出个性大气之美。

梁子说：“把非遗文化与当代设计艺术结合，美感自然天成。”

这是梁子在与莨绸打交道过程中最深切的体会，也是人们关注和讨论的焦点。如何让莨绸更多地进入当下人们生活的方方面面，成为梁子提升设计品质生活的一部分，也是她多年来一直研究的一项重要议题。经过不断努力，梁子开发出了莨绸精致家纺和礼物系列产品，让莨绸古老的美与现代家居时尚生活严丝合缝地结合，从而更加拓宽了莨绸的活化之路，为莨绸寻找到了新的发展契机。

梁子对莨绸的尊重，得到了各级领导、“非遗”文化产业专家、文化艺术人士及和当地政府、市民的重视与支持。莨绸于2008年6月被正式列入国家级非物质文化遗产名录。梁子活化莨绸的案例为非遗项目的成功活化“抛砖引玉”，也为当下中国人更加尊重自身母文化，提升物质和精神生活，在国际创意圈中展现自尊和自信，传递了独特的信息。她实现了自己的诺言，做到了尊重每一寸面料。

梁子1996年出版了《服装原形裁剪及应用》《服装效果图到平面结构图的转化》两本著作，2004年，荣获中国国际时装周“最佳女装设计师”奖，从那以后，梁子在服装设计界赢得了多项荣誉，在诸多奖项的光环下，她凭着鲜明的品牌形象与磊落的经营作风，在市场上赢得了良好口碑。天意服装不仅深受国人的喜爱，还多次作为国礼赠送给国外的贵宾。2006年7月18日，瑞典“哥德堡号”重返广州黄埔古港。随船到达的瑞典国王、王后及王室成员一行，兴致勃勃地参观了“天意莨绸坊”。“天意莨绸”礼服以国礼之尊赠送给瑞典国王、王后。时隔3个月，“天意莨绸”再次作为中华民族文化瑰宝赠送给世界大学生运动会主席及其夫人。

如今，47岁的梁子一如既往地在服装行业坚持环保事业，坚持对中国

古老文化遗产“莨绸”的传承和保护，坚持向世界传播东方文化的魅力。

逐梦箴言

从小镇的服装店的裁缝到高等学府的学生，再到“天意”品牌设计师，形成了她创作风格，江南水乡的灵秀和西北的纯朴，渗透到她的设计之中，时尚大气又蕴含民族、纯朴的风格逐渐形成。她用心去诠释着“天意”品牌的平和、健康和美丽，她被誉为服装“环保大师”，她在做着服装事业的同时，还做着“环保积德”的事业。

知识链接

非物质文化遗产

根据联合国教科文组织通过的《保护非物质文化遗产公约》中的定义，“非物质文化遗产”指被各群体、团体、有时为个人所视为其文化遗产的各种实践、表演、表现形式、知识体系和技能及其有关的工具、实物、工艺品和文化场所。各个群体和团体随着其所处环境、与自然界的相互关系和历史条件的变化不断使这种代代相传的非物质文化遗产得到创新，同时使他们自己具有一种认同感和历史感，从而促进了文化多样性和激发人类的创造力。

哥德堡号

哥德堡号是大航海时代瑞典著名远洋商船，曾三次远航中国广州。1993年，瑞典建造“哥德堡号”仿古船的初衷，是为了向人们再现瑞中友好交往的历史。“哥德堡号”航行履行了自己神圣的使命。当前瑞典已成为世界上最发达、最富裕的国家之一，中国则是全球经济发展最快的国家，拥有广阔的市场潜力，两国友好合作的前景美好，“哥德堡号”前程无限。

■ 思想与意志同行

把理想放飞，让理想与意志同行，让理想与现实同行。在实现理想的路上，有道是“打虎要靠亲兄弟，上阵还须父子兵”，深圳市邓皓时尚服饰有限公司董事长兼艺术总监、中国服装设计师协会专业技术委员会理事委员、中国十佳服装设计师邓皓，2011年和女儿联手设计了“花妖：古兰中国红”系列服装，备受业界人士关注和好评。她因此荣获了2011年度最佳女装设计师奖，被授予“中国十佳服装设计师”等多个荣誉。从此“花妖”、“针织皇后”也成了她的名字。

邓皓生于50年代，从小她就对家人说自己想做服装设计师，可是家里人却认为那是项“艺术”，对她来说是不可能的事。可是自从有了这个念头之后，她就没有放弃。工作后，她把工资的80%都用来买时装杂志和书籍，晚上偷偷躲在被窝里看。当时觉得如果有一天能光明正大地看这些杂志就是一件幸福的事。

回忆第一次亲手做衣服，邓皓说：“在我十六岁那年，一次母亲突然生病卧床，母亲躺在床上教我，让我给妹妹们做衣服，我就按她说的做，心里可高兴了。当看到妹妹把衣服穿在身上时，我第一眼看到是开心，第二眼是想到要是哪里改成哪样会更好……”

由于对服装设计的酷爱，邓皓后来到日本、法国进修深造服装设计。邓皓时尚服饰有限公司成立于1993年，邓皓服装消费群定位于优雅、妩媚、时尚的成熟女性。邓皓的设计目标是：“女人似花，女人是妖，让女人如鲜

花般绽放！”她用绿色和花卉为永恒的色彩和设计元素，坚持以针织为主，梭织为辅的设计理念，打破了传统针织工艺和常规的色彩搭配方式，将近乎不可能相匹配的色彩和花型大胆地加以融合。通过针梭织面料的完美结合，对原材料的研发、再造和工艺的不断创新，将女性妖媚、自信、品味与优雅表现得淋漓尽致，将针织时装设计带入一个全新的世界，真正成为国内乃至国际原创品牌的一朵奇葩！

在做服装计师之前，邓皓是个科研工作者，她的工作是研究直升机，作为一个女性，作为一个纯粹的理科的知识女性，多年来一直苦心钻研独创的针织肌理纹案工艺，是中国针织时装的开拓者，她不仅推动了针织服装时装化的趋势，而且巧妙的将针织与梭织面料相结合，让针织服装变得不再单调，而充满了无限的可能，她创造的“花妖”，大胆地运用了“红与绿”的强烈撞击，充满着民族韵味，深受业界和市场的欢迎和肯定。

邓皓一直以“花妖”为自己的品牌特色，专用针织加上现代的裁剪设计，完美地凸显了女性的曲线。她坚持打造“女性如花”的服装理念，又成了一大特色。在每届中国国际时装周上，邓皓以针织为服装面料都是一大亮点。邓皓成了备受人们关注的女性服装设计师，她的服装追求两极对比：冷酷与热情、娴静与浪漫、传统与前卫……简练中凝聚高雅，朴素中蕴藏瑰丽，女人味尽在其中。更传达出一种深切的人文关怀。她把人们耳熟能详的服装，幻化为了一种沟通的语言，让人们能够天然地敞开隐藏在内心深处的天真。她在作品中融入了更多关于传统和时尚、风格与潮流的思考，她赋予服装魅力，把艺术传达给对她们的传统文化陌生的人群。

邓皓在服装设计上，充分挖掘针织与梭织面料的特性，采用世界先进工艺让两者有机的结合起来，使女性曲线与材料特性融为一体，打破了针织时装受季节影响的制约，优化了服饰性能，同时大量精细的刺绣、镶花、缕空、缉线在服饰上的巧妙运用，表现出女性时装抑扬顿挫的时尚魅力和卓尔不群的个性风采。

邓皓设计的“花妖”系列，以多幕剧的形式串起一场又一场妖娆大气的时装秀。谈到“花妖”系列的成功，邓皓感慨地说：“我们母女喜欢在针织时装上玩魔术，这个系列的设计，不仅带来了视觉冲击力的撞色系列，也带来了不一样的裸色系列，这是我在纵览欧洲建筑群之后受到的启发。每件服装都经历了10多次的实验，在抽坑、搬针等多种针织工艺手法上实现，这种高级定制又给中国的针织时装行业带来了丰富的教材。”

邓皓的这番话说出了设计过程的艰辛和她在快乐工作中的收获。2011年春夏，中国国际时装周“古兰中国红”主题系列在北京饭店发布，这场时装秀是邓皓母女设计师共同创造完成，而中国古典形式的美感也被设计师演绎得淋漓尽致，其中还大胆地运用了“红与绿”的强烈撞色。谈到与女儿共同设计，她说：“事实上我们是一个团队，体现的是团队精神，大家看到我们前面有三个设计师，我们母女要坚持把这个‘花妖’延续下去。”

邓皓和女儿一起在“古兰中国红”谢幕的时候出现在舞台上，引来了雷鸣般的掌声。谈到女儿邓皓更是满脸的骄傲：“我女儿毕业于英国的圣马丁服装设计学院，回国加入到我的公司。作为80后设计师，我女儿比我更加极致，也有自己清晰的定位。她的观点是要传承好一个品牌，首先是继承，我们可以锦上添花，或者将某个元素发挥到极致，但是不能用自己主观的喜好去改变一个品牌特有的风格，可以用上香奈尔说的一句话：时尚在变，但风格永存。”

邓皓，就像她的作品一样，热烈而自信，无论是否是作为一个服装设计师，还是一位母亲，还是一位职业女性，邓皓都为自己的人生选择了浓墨重彩的书写方式。

逐梦箴言

她的作品以"永远的绿色"命名,她用作品将自己的个性、艺术、经典、贵气表现得淋漓尽致;她的服装用色大胆张扬,但浑然天成,图案花色艳丽又不失朦胧的性感,这一切都有赖于她对工艺的精到把握和对设计理念的完美诠释;她以"永远的绿色"为主题,表达了设计师激情、浪漫的生活态度及对绿色生命的珍爱,渴望世界和平的美好愿望。

知识链接

撞色

撞色是指对比色搭配,包括强烈色配合或者补色配合。强烈色配合指两个相隔较远的颜色相配,如:黄色与紫色,红色与青绿色,这种配色比较强烈;补色配合指两个相对的颜色的配合,如:红与绿,青与橙,黑与白等。今年的流行关键词,就是自信与活力,活出自己的个性,张扬自己的气魄,撞色成了许多设计师表达这一主题的不二选择。也指穿了一模一样的衣服。

团队精神

所谓团队精神,简单来说就是大局意识、协作精神和服务精神的集中体现。团队精神的基础是尊重个人的兴趣和成就。核心是协同合作,最高境界是全体成员的向心力、凝聚力,反映的是个体利益和整体利益的统一,并进而保证组织的高效率运转。挥洒个性、表现特长保证了成员共同完成任务目标,而明确的协作意愿和协作方式则产生了真正的内心动力。团队精神是组织文化的一部分。

■ 思想与担当同存

中国十佳设计师李小燕说:“女人和世界是一种纯棉关系。”我们从她这句话里看出了她对女人和世界关系的理解。她有自己坚定的理想,勇于担当的责任。她在实现理想的路上,始终有一份“纯棉梦”。

李小燕出生在湖南省涟源市,是个“湘妹”。她妈妈是名医生,可是心灵手巧会裁剪,从小她和母亲学会缝制后,感觉从事服装工作是美好的,便渴望自己成为一名时装设计师。可是母亲却执意将她送进了大学文学系。1992 年毕业于台北暨南大学文学院,毕业后她没有按母亲的愿望成为一名诗人、作家、记者,而是在台北开了一家服装店。后来又到台北陈美方服装学院系统学习了服装设计的各种知识,毕业后注册了自己的品牌“芳莹”,开始服饰设计生活。她将流淌在心田里的种种情愫和梦想,裁剪成妩媚典雅、搓揉成万种风情服装,服装设计成了她终身的追求。

谈到当年选择走上服装设计之路,李小燕说:“我有一个亲戚,他在台北高中毕业后要考大学。我那时候心里就想,去学时装专业,那将是一个很棒的事情,我就一直鼓动他去报时装设计师这样的专业。为了这我就一直帮他搜集很多很多有关服装设计的资料,或者有关的老师,哪个学校会比较好,非常可惜他最后没有选择这个专业。我在了解的过程当中,了解了我自己心目中比较认可的,我认可的专业老师就是陈美芳,结果到了最后,他没有学成,变成我自己去学了这个专业,学习了几年,就在陈美芳服装学院,这是位非常优秀的老师,我真的非常感激她,虽然是很偶然的机会

我去学习，但是在这个过程中她给予了我一些鼓励、帮助，专业上面的提高，我真的很感谢她。”

当年，将要毕业的李小燕，问老师陈美芳：“我是先应聘设计师还是先应聘助理设计师呢？”

老师没有正面回答她的话，而是反问她：“那你为什么不自己做设计师呢？”

陈美芳老师的一句话，让这个即将迈出学校大门的李小燕立刻热血沸腾，于是她拥有了自己的第一个设计师品牌——芳莹。她从群雄逐鹿的广州设计界开始做起，在台湾设计行业里树起了自己的一面品牌旗帜，她以自己的方式引领南国的时尚。

李小燕说：“一个好的品牌设计师，必须能把自己的作品和市场的需求有机地结合起来。要做一个‘负责任’的设计师，就不能把设计与市场、设计与生活完全割裂开来。舞台上艺术性的作品要表达的只是设计师对时尚的一种感悟，最为关键的是如何将艺术性的元素巧妙地融入到现实生活中，让艺术与生活零距离，真正让生活中的美与市场相结合。”

李小燕说到的负责任，就是一直埋在她内心世界的担当，也正因如此，她被大家称为是“以市场的眼光发现的设计师”。

李小燕性情豪爽、精力充沛，具有北方人的性格，始终坚持着自己的设计理念，为一种生活状态、一种生活方式的消费者设计，从而开拓了自己时装设计事业的新天地。渐渐的，她设计的素材都采用完全性天然织物——纯棉。这在全社会掀起了绿色消费的时代浪潮的同时，还提出了响亮的绿色“环境保护”穿着口号——热爱纯棉。成熟的设计理念，丰富的市场实践经验，让李小燕的“纯棉”事业蒸蒸日上、遍地开花，通过十几年如一日的不懈努力，她做大做强了“芳莹”、“法碟”和“如意坊”、“芳芳服装”等品牌，她让“热爱纯棉”的口号响彻在了时尚的各个角落。

李小燕成了一个与“纯棉”有着特殊关系的女人，她引领穿着者进入完全健康、清新的境界。享受绿色穿着，绿色生活，为服饰市场销售竞争带来一大亮点、卖点并与经营者分享成功的喜悦。她在“型”、“质”、“色”、中发现和赋予了女性穿著者的生机、灵动、时尚感。

李小燕现在是中国服装设计师协会理事、时装艺术委员会委员，广州芳芳服饰有限公司设计总监，她的“芳芳”企业更是成为了一个极具知名度的服装名牌。2002 年她获得了广州十佳时装设计师称号，2003 年获得了“中国现代时尚名师勋章”……在众多荣誉面前，李小燕的设计追求并没有因为成功而终止，她需要更宽阔的平台去证明自己。

坚持如斯，精彩如斯，李小燕这只“热爱纯棉”的燕子正展翅高飞……

逐梦箴言

李小燕为自己的生命做设计，将服装设计师作为自己的理想，她为生活方式设计，为消费者设计，她做了服饰设计界最流行时尚的魔术师，将顶尖创意作品集合自己的时尚名店，她创造出了自己的梦想王国；她将永无止境地创造卓越，竭尽所能力求完美地发展自己的天地，她名字在业内响亮起来，她成了当年服装设计界当之无愧的“黑马”。

知识链接

纯棉

纯棉织物是以棉花为原料，通过织机，由经纬纱纵横沉浮相互交织而成的纺织品纯棉织物。按照实际加工的棉花来源又区分为原生棉织物和再生棉织物。棉量在 95%以上的棉就是纯棉。

环境保护

环境保护是指人类为解决现实的或潜在的环境问题，协调人类与环境的关系，保障经济社会的持续发展而采取的各种行动的总称。其方法和手段有工程技术的、行政管理的，也有法律的、经济的、宣传教育的等。

■ 思想与博爱同舞

“我觉得生活挺美好的” 这是中国著名针织服装设计师张伶俐在接受记者采访时说的一句话。人活着，要有所追求，有所梦想，要生活得开心，快乐，这才是理想的人生。张伶俐追求着自己的理想，奉献博爱在服装行业，她创业创新，她是快乐的，快乐的人生，才是理想的人生。

张伶俐的快乐时光更多是在工作中度过的。她的身影常常出现在工作室里，忙完了这次发布会，又要计划下一个设计。设计、生产包括前期市场调研等工作，她都亲历亲为，她说：“能走就自己去感觉，别人给你汇报的东西，跟自己感觉不一样。上个月去东北走了一圈，哈尔滨、沈阳、大连、北京，本来计划再去南方，但是明年的方案、颜色都要定，没有时间。”

听张伶俐的这话，让人看到了一位女强人生活工作的一面。在工作中她要独挡一面，在生活中她是强手。忙的时候全部精力投入工作，不特别忙的时候也有很多业余生活。跟朋友聚聚，聊聊天，收拾家，养养花，看看鱼。她说：“工作是为了生活做铺垫，做喜欢的工作，也要享受生活。我工作的时间可能多，但是在我心里的价值比，生活比工作重。”

张伶俐是一个很会生活的女人，炒一手好菜，煲一手好汤。她对家居的布置上更有独到之处，她说：“我们家花可多了，感觉跟森林一样，参天大树的类型，很大叶子的那种植物，基本上不开花，属于观叶型的。前一阵把芦荟和银边吊兰放在一起，因为它们对水分的需求差不多。银边吊兰比较矮，芦荟多出了两个层次，搭配在一起恰到好处。”

除此之外，张伶俐还喜欢百合，经常搭配天堂鸟一起插花。她说："我喜欢营造气氛。大叶子的东西放在家里气氛很好，有一种生活在热带的感觉；白色的香水百合，它的颜色和香氛很浪漫、很有感觉。"

张伶俐认为朋友是最大的财富，跟朋友一起吃饭、聊天、小聚，都会让她心满意足。她说："尤其是在冬天，大家围在一起吃自己煮的菜，喝喝茶，多么温馨。想别人夸你的房间，夸你的厨艺，心里特别开心。事业上的成就，是我运气好，顺顺当当走到现在；这些东西是别人拥有的值得夸耀的东西，我觉得人应该把工作、生活每个都调节好，生活是美好的。"

就是这样一个对生活富有情调的女人，在把自己的理想定格为服装设计师后，就让理想和博爱同时在她人生的舞台上共同演绎生命的精彩。

张伶俐从天津纺织工学院毕业后，1995 年，获"中华杯"中国服装设计大赛银奖；中国青年服装设计师作品大赛"新人奖"银奖；1996 年，创办天津张伶俐服装艺术创作公司；1997 年，受日本政府邀请，参加"亚洲青年服装设计师作品汇演"。在日本业界引起轰动；1998 年，任阳光集团首席设计师；2000 年，任圣雪绒国际企业集团首席设计师。年底，被评为"中国十佳服装设计师"，并为圣雪绒争得"最具时尚女装品牌"的称号。2001 年 10 月，作品随上海代表团赴日本、韩国做绿色环保主题的巡回演出。同年 11 月，受邀请赴台湾，与岛内著名设计师温庆珠、潘黛丽、叶嘉玲同台演绎"海峡两岸著名服装设计师作品汇演"。同年底，再度荣获"中国十佳服装设计师"的称号，并获 2001 年度"最佳女装设计奖"。

2002 年 11 月 23 日以《魔镜》为主题，在北京中国大饭店，召开圣雪绒专场时装发布会，获"中国最具时尚服装品牌"荣誉……

现在张伶俐是中国著名针织服装设计师，连续多年主持了阳光、圣雪绒、兆君等著名的羊绒大品牌的产品开发工作，屡创佳记。她是中国服装设计师协会理事，艺术委员会委员及中国流行色协会理事，是中国唯一受韩国世界杯组委会邀请，与日本 KENZO 及韩国、美国的其他著名设计师同台为世界杯做专场演出的设计师。她成了中国纺织服装行业的十大风云人物。

逐梦箴言

豁达开朗的张伶俐，在人生的航程上快乐地活着，活出了生命的精彩，取得了出色的成绩。活着为了自己，也为了别人，一个人要想生活得健康，开心，快乐，就要有一个良好的积极向上的心态，要相信明天的生活会更好、更美、更幸福。因为有梦想，就有希望，因为有梦想，就有博爱，有梦想就有未来。

知识链接

博爱

“博爱”二字是出自《无量寿经》上的“尊圣敬善，仁慈博爱”，博爱是一种价值观，要求每个人都能明确自己的责任，是对全人类的广泛的爱，是一种崇高的爱。

风云人物

风云人物是在飞快发展变化的形势、环境中能得势而言行能影响大局的人物。风云人物是在某个时代能够左右一个集体的思想，并且能促使他们遵循自己的意愿，来达到个人目的或者能拯救了时代团体利益的人。

智慧心语

美是一种善，其所以引起快感正因为它是善。

——亚里士多德

我一向认为，只有把善付诸行动才称得上是美的。

——卢梭

我们要以美的原则改造世界。

——马克思

人并不是因为美丽而可爱，而是因为可爱而美丽。

——列夫·托尔斯泰

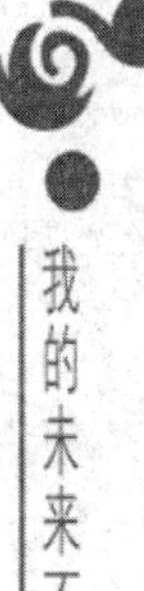

第六章

有梦想才能去远方

导读

梦想是石，敲出星星之火；梦想是火，点燃熄灭的灯；梦想是灯，照亮夜航的路；梦想是路，引你走到黎明。梦想是珍珠，一颗缀连着一颗，每一颗都闪闪发亮。有一种梦想叫去远方，因为美丽的风景永远在前方的路上，因为有了梦想才能有去远方的力量，才能看到远方的太阳——

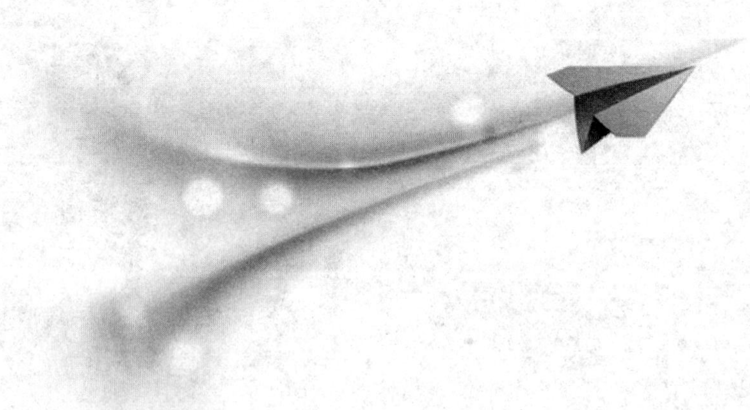

■ 有梦想就会有奇迹

美国作家马克·吐温说："具有新想法的人在其想法实现之前是个怪人。"怪人是言行举止不同他人一样的人。让·保罗·高缇耶就是服装界的怪人,准确说是个怪才。他将通俗的平民风格融入高级时装的设计主流,设计风格不拘一格,充满夸张及诙谐,是前卫、古典和奇风异俗的混合体。他从来不按常理出牌,却时时紧抓潮流趋势,是法国时尚设计大师,创立有自己名字的服装品牌。

让·保罗·高缇耶 1952 年 4 月 24 日生于巴黎,母亲是富有的中产阶级,父亲则是劳工阶级,对他影响最深的是他的祖母。她靠替人算命为生,为人施展催眠术,玩纸牌算命,做假面具,也为感情发生纠纷的恋人当和事佬。在让·保罗·高缇耶的眼中,祖母很神秘,她的衣着举止总是透露出无所不能的魔力,启发了他的丰富幻想。祖母周围的各种客人常触动他的灵感,他的思绪总是随着祖母和她的客人打转,因此在学校他几乎没有朋友,对运动也不感兴趣。

让·保罗·高缇耶,从未受过正式的服装设计训练,但却能在 14 岁时,策划迷你服装给家人观赏,15 岁时设计了一件附有书包的外套。到了 17 岁,便开始向知名时装设计师递荐自己绘制的草稿,他将自己的设计草图交到当时的法国著名设计师皮尔·卡丹那儿,给皮尔·卡丹留下很深的印象,被这位著名设计师聘为设计助理,于是展开了他的时装设计生涯,负责管理位在马尼拉的精品店。之后,让·保罗·高缇耶曾效力于让·巴度,后来开始独立设计,于 1976 年在巴黎推出首个让·保罗·高缇耶成衣展,

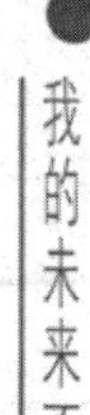

推出同名品牌，1981年开始展现他玩世不恭的时尚态度与风格，因此在法国时装界获得“时尚顽童”的称号。

让·保罗·高缇耶说：“什么东西我都能设计，除了令人沉闷的正规服装！别想在我的作品中寻找模式，那是不可能的。”他的这种怪异设计风格，在眼镜设计上也体现得淋漓尽致。

让·保罗·高缇耶的生活哲学，随着成长而转变。孩童年代，他追寻完美的女性气质；年轻阶段，他相信对友谊的忠诚；到了做皮尔·卡丹学徒期间，他坚持自己信念，努力实践。到了拥有自己的品牌之后，他要做的便是突破现代男女时装的传统界线。他说：“时装就像房子，需要翻新。”在他的世界里，没有什么应该做，什么不应该做。为了创新，他试过分解、再造、配搭、混合等多种创作途径。不过，用什么途径均不重要，重要的是如何创新，以达到更新的境界。

现在，人们在让·保罗·高缇耶的时装里很难找到一个统一的答案的设计。破旧立新是他的作风。在让·保罗·高缇耶的设计生涯当中，他不知多少次以大胆的创作而叫时尚界哗然。他试过将裙子穿于长裤之外，以内衣当作外衣穿，以钟乳石装饰牛仔裤，以薄纱做成棉花糖般的衣服，总之，用变化万千来形容他的时装最适合不过。他的设计理念是最基本的服装款式，再加上“破坏”处理；也许撕毁、打结，也许加上各种样式的装饰物，或者各种民族服饰的融合拼凑，充分展现夸张及诙谐，把前卫、古典和奇风异俗混合得令人叹为观止。麦当娜最出位的一次演出，就是穿着他设计的冰锥形胸衣，台上边唱边舞……

让·保罗·高缇耶的这种创新，成为他的“设计优势”，让·保罗·高缇耶是一个演绎女性万种风情的服计设计师。身为一个服装设计师，创作灵感消失殆尽，无疑是极大的致命伤，然而在被喻为时装界顽童的让·保罗·高缇耶的身上，绝对不会发生此状况。他脑子里永远有取之不尽用之不竭的想法，创作力源源不绝，而且无法猜透他葫芦里卖的什么药，猜透他的他的创作灵感来源于哪里，他给世人带来的都是惊世奇作。

让·保罗·高缇耶被称为“时尚界的顽童”，他的设计灵感大胆充满创意，带着离奇的想象，不羁的风格。即使在年过半百之后，他仍像一个好玩的孩子，以旺盛的精力，源源不绝的灵感，不断向人们展示一双孩童眼睛里对世界的好奇与探索。他将喜欢服装的人带入了一个个色彩缤纷时尚魔幻世界。

逐梦箴言

他用精致的工艺，优秀的专业素质，平和健康的心态，明朗而独立的风格，从容稳实的作风，清晰理性的思路，诚实善良的品格完美地体现时装的优雅含蓄、时尚性感。他恰似行云流水般的服装展示，细腻地表达了时装对生命、对身体的无限赞美和崇拜。他是"时尚顽童"，他永远有着超人的风采。

知识链接

催眠术

催眠术，原自于希腊神话中睡神Hypnos的名字，是运用暗示等手段让受术者进入催眠状态能够产生神奇效应的一种法术。科学家已对这一现象研究了150多年，但到底也没能弄清楚其真谛。有的理论家认为，催眠术打开了通向潜意识的大门，有的倾向于认为，恍惚是非睡非醒的心理边缘状态，有的干脆称之为伪科学。但有一点是不容置疑的：人处在催眠状态下最容易接受暗示，可以让他做出一些乃至最为暴戾的举动，因为那个时候，大脑、甚至身子开始身不由己。催眠术究竟是真是假，一些研究知觉边缘状态的专家通过类似的试验解开了其中一些不为人知的谜团。

顽童

顽童是指愚钝无知的人，或是愚妄、顽皮的孩童。老顽童是指喜欢和孩子们打成一片，而且像孩童般爱玩爱闹，无拘无束的老年人。

有梦想就会有事业

美国总统罗斯福 1945 年 4 月 12 日正在工作时突然去世。他逝世前正在撰写演说稿，准备次日在美国第三任总统杰弗逊纪念日上发表，这篇未完成的演说词结尾处说："实现明天理想的唯一障碍是今天的疑虑。让我们信心百倍，奋勇向前吧。"是啊，一个人有了远大的梦想，就是在最艰苦的时候，也会感到幸福。

不管时代的潮流和社会的风尚怎样，人总可以凭着自己高贵的品质，超脱时代和社会，走自己正确的道路。现在，人们都为了汽车、洋房奔波、追逐、竞争，这是我们这个时代的特征了。但是也还有不少人，他们不追求这些物质的东西，他们追求理想和真理，得到了内心的自由和安宁。中国十佳服装设计师朱琳就是这样一个在时尚潮流中不断创新的人。

羽绒服是生活在寒冷地区的人们冬季不可缺少的防寒衣物。以防寒为主的波司登品牌的羽绒服更是家喻户晓。而朱琳就是国际控股有限公司执行董事，上海波司登国际服饰有限公司副总裁、上海波司登服装设计开发中心有限公司总经理。她从事防寒服设计 20 多年，其主持设计的成衣产品在国内市场享有盛誉。她是冬装设计界的一位资深设计师，是中国成衣流行趋势预测发布功勋设计师，是中国服装流行趋势专题特约研究员，是中国流行色协会流行趋势研究员，是中央企业青年联合会委员，是中国服装设计师协会会员、中国服装设计师协会时装艺术委员会委员。

朱琳 1987 年从苏州服装设计中等专业学校毕业后，1993 年到上海百联集团股份有限公司东方商厦南东店工作，成了商店的第一批"元老级"员工。

她带着对企业的深厚感情，以优秀业绩，见证了商店成为步行街高档百货店的历程。她销售过化妆品、床上用品、针织内衣、男士衬衫等不同商品，做一行精一行。她常说："认真做事只能把事做对，只有用心做事才能把事做好。"在这里，她成了"奥菲欧"女装专柜柜长，全国劳模邵开平的徒弟。她把顾客满意作为自己最大的追求，她了解顾客需求、掌握顾客心理、热忱为顾客服务，她总结了女装"四点"学习法、促销"四法"、"四式"服务，能"目测一眼灵，估算一口准，搭配一条龙"，让顾客买得放心，穿得舒心，被大家称为"美丽形象设计师"。2008 年获得上海市百货商业行业协会"服务品牌"；2009 年获得上海"世博服务明星"荣誉称号；2010 年成为上海市劳动模范。

在这其间，朱琳 1994 年到东华大学学习，1999 年受派于法国巴黎高级时装公会学院学习；2001 年被中国国际时装周列为中国十佳设计师之一；2002 年被"走进时尚"华夏经典品牌时装发布周评为最受欢迎时尚设计师之一。这一路走来收获的成就和喜悦，让朱琳更加坚定了自己的梦想，她甚至从来没有对自己实现理想有过任何的怀疑和困惑。

朱琳女士长期关注和研究国内外服装流行趋势，自 1997 年起，连续 9 年参与中国秋冬服装流行趋势的专题研究并作防寒服流行趋势专场发布。她作为中国设计师的代表在韩日第 17 届世界杯足球赛期间赴韩做时装发布。她的作品多次应邀赴韩国、日本等地作巡回展演。

朱琳从 1997 年起出任"波司登"集团首席设计师。在第五届中国时装周活动中，朱琳代表波司登集团举办以"惑"为主题的时装发布会，展示了鲜明的设计风格，以深厚的中华文化底蕴强烈地撞击着无数观众的心灵，这次展示会成为中国时装周的一个焦点。

最难忘参加 2004 年国际时装周的情景，她说："其实参加这个时装周已经很多年了，一直以来的感受就是这是一个很好的平台，通过这个平台，我可以了解到羽绒服以外的一个服装的领域，比如休闲，通过这个平台让大家了解我们波司登的品牌。"那一年，朱琳获得上海国际时尚联合会授予的当代时尚名师勋章。参加如此大规模的中国职业时装设计师创意设计大赛，让朱琳强烈地感受到创意的力量，同时商业价值也得到了应有的体现，她深刻地感到：未来的时尚市场是属于年轻的设计师们的。

当朱琳作为服装设计师，看着T型台上的模特穿着自己设计的服装走秀的时候，她的感觉是特别轻松的。觉得自己可以回家好好的休息一下了。在最忙的时候，根本考虑不到家，考虑不到孩子，就在那一刹那，她觉得可以去照顾家庭了，她被设计之外的另外一种幸福包围着。

然而一个阶段成功之后，朱琳没有止步不前，而是把目光放在了更远的前方。羽绒服在国内市场兴起的时候，那个时候人们对它需要就是一个保暖性。随着现在人们对防寒的服装提出更高的要求，就是不仅要防寒，还要漂亮。所以这就给朱琳提出了一个挑战。怎么才能很周正，怎么才能变得很飘逸。这是她在设计的时候必须要考虑的问题。朱琳说："流行趋势是在一定的空间和时间内为大多数人所认可并形成穿着潮流的一种社会现象。"朱琳用绝美的设计，加上独特的面料，让消费者深刻地认识到棉服也如此时尚。她挥洒自然，点亮了冬季。

其实波司登这个品牌对每个中国人来说都非常熟悉。朱琳把消费群定位在工薪阶层。年龄的跨度很大，从小孩到老人都有。她说："之所以迎合这么大跨度的消费群，是因为这是一个企业的设计，企业注重的是经济效应，那么作为我设计这一块，我第一会考虑怎样为企业带来经济效益。所以当这个产品确定了这个市场定位的时候，那我就会把消费对象作为我的研究对象，因为我们的产品定位是一个大众的消费品，所以我就会寻找它的普遍性，然后在普遍性当中来加一点流行的元素。"

朱琳设计的冬防寒服以"自然、人类、精神"为主题，分为"极地生机"、"奢华人生"、"聚焦无界"等系列。在色彩上，从经典的黑灰、雅白、妖媚的浅紫、铁咖、神秘的紫蓝、简单的冰灰、高调收敛的雅金色系，到跳动的火焰红、尊贵的中国黄、和谐的和平绿。加之新颖并具有活力的款式设计和闪光类面料的运用，使得羽绒服在真正意义上融入了时尚一族。

朱琳因为和"波司登"结缘，让她在棉服的世界里开疆扩土，展现了一名服装设计师的活力。她入选2010年度纺织服装行业十大风云人物，她的名字载入了中国的时装发展史。朱琳要把波司登延伸到每一个角落，甚至是世界的每一个角落。这是她的梦想，她为这个梦想在努力着。

逐梦箴言

优雅的女人第一必须要自信,然后有一个很健康的心态和乐观的生活态度。朱琳在时装设计的征程上,迎来了无数次的高峰和低谷,只因为她不曾怀疑过自己的梦想,所以她有了源源不断的设计灵感。她把自己的阶段成就从“逗号”变成了一个“感叹号”,她用独特的艺术追求,展现了个人的风采。

知识链接

创新

创新是以新思维、新发明和新描述为特征的一种概念化过程。起源于拉丁语,它原意有三层含义,第一,更新;第二,创造新的东西;第三,改变。创新是人类特有的认识能力和实践能力,是人类主观能动性的高级表现形式,是推动民族进步和社会发展的不竭动力。一个民族要想走在时代前列,就一刻也不能没有理论思维,一刻也不能停止理论创新。创新在经济,商业,技术,社会学以及建筑学这些领域的研究中有着举足轻重的分量。口语上,经常用“创新”一词表示改革的结果 。既然改革被视为经济发展的主要推动力,促进创新的因素也被视为至关重要。

T台

T型台原为建筑词汇,借用于时装界指时装表演中模特儿用以展示时装的走道。由于其形状大多是一个T型伸展台,所以一直称作T型台或T台。“天桥”极易与“通大之路”、“美丽的仙子”这样的事物发生联想,较为符合国人讨口彩、图吉利的语言习惯,这也是近几年“天桥”的叫法取代“T台”越来越普遍的原因之一。北京的天桥曾是一个演艺人聚集之处,这又使人意识到时装表演在中国娱乐化的程度之高。走台的模特儿被称为天桥模特儿,与摄影模特儿、试衣模特儿相区别。

有梦想就会有力量

罗曼·罗兰说:“你们的理想与热情,是你航行的灵魂的舵和帆。”那么,就让我们让整个一生都在追求理想中度过吧,有了梦想就会有力量,我们在这一生中必定会有许许多多美好的时刻和际遇。

佛、道以人世为凡尘,故称神仙或僧道思慕世俗生活为思凡。如果在服装界,把品牌定为“思凡风格”,那么仿佛又将给人一种在经典之上的神秘感,如果再把“思凡风格”和一个名叫周红的女孩在25岁时创立再联系起来的话,那么“思凡”又是一个多么神秘有趣的话题。

周红,1972年出生,小时候,爸爸妈妈和哥哥姐姐经常要搞一搞家庭音乐会,拨弦抚琴、浅唱低吟一番。这种经历,让周红心里埋下了艺术的种子,后来,她成了大连思凡服装服饰有限公司首席设计师及“思凡风格”的创始人。任何艺术都是相通的,都是幸福的,周红在服装行业散发着一个事业成熟者的淡香,是与小时家庭的熏陶分不开的。

周红1991年毕业于大连大学工学院服装设计专业,1999年毕业于法国高级女装工会学院,2001年12月第四届中国国际时装周荣获“中国十佳设计师称号”,所设计的品牌“思凡”被评为“最佳女装设计品牌奖”;2002年11月第五届中国国际时装周带领思凡品牌荣获“最具时尚女装”奖;“思凡”2002年被评为辽宁省著名商标。

回忆成功之路,得益于周红的艺术天赋,更因为她有一位对她影响深刻的姐姐。周红的姐姐周严,也是一名服装设计师。姐妹俩是父母的两朵

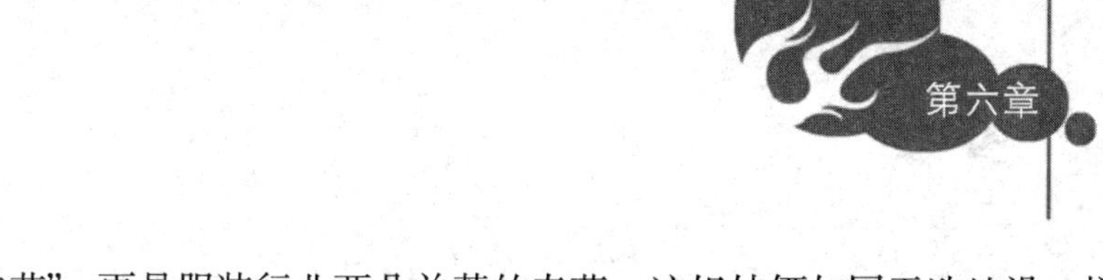

"姐妹花",更是服装行业两朵并蒂的奇葩。这姐妹俩如同天造地设一样,尤其是做思凡,简直互补到了完美,做事较真的姐姐把控大局,个性随意的妹妹徜徉艺术创作,倘若调过来,或者少一样,也不会有今天的思凡。

周红说:"姐姐是个完美主义者,和她在一起工作,我也有做到最好的动力。思凡现在就像往山上爬,每走一步都要付出更大努力。越高的山越难攻破。"是啊,姐姐是用逻辑性考虑问题,周红是用想象力考虑问题。一个是理性的感性,一个是感性的理性。两者结合起来,就是完美的和谐统一。

周红还牢记着姐姐说的一句话:"不精进的东西不要看,怕看'坏'了眼睛。"就在姐姐这种精益求精话语激励下,周红给自己设计的女装命名"思凡",一个优美悦耳的名字,寓意沐浴着阳光。时尚是阳光下流淌的斑斓的音符,洋溢着诗一般的隽永。"思凡"译名出自《孽海记》,取其"高上方求平易,深远处见亲近"之深意,且是"思凡"情愫的极致表达。周红将其简约、大气的设计风格和"思凡"品牌理念完美结合在一起,其真、其切、其极,去除繁枝杂叶后,欣赏的目光便徘徊于人衣之间,令现代白领佳人于浮世繁华之中尽情品味内心丰美、娇柔的情境。把"高上方求平易,深远处见亲近"的服装品牌内涵发挥到了极至。于是正装的典雅与时装的轻松便在"思凡"中融为一体,欧陆风情与亚洲人的身材特点被和谐地结合起来。原法国服装公会主席穆克里埃几年前曾这样评价中国服装业界的状态:"稻谷之初是种子,思凡时装在周红的领衔之下,以种子般强大的生命力挺立于中国时装发展。"

"思凡"品牌女装事业做起来了,可周红并不是一个高高在上的服装设计师,她坚信"一个优秀服装设计师必须在流水线上滚打过。"她说:"从最基本的事情做起,并不是要打压你,而是让你了解整个设计流程。服装设计师,不仅会画图有灵感,更是一个技术活,当你的设计没有被表达出来时,你就知道是哪一个环节出了错。"周红做过所有基层工作,甚至送货、打包装箱她都干过,她打版过几百套衣服,亲手加工成衣也超过上百件。

周红对待作品就像对待生活一样,包括她自己,虽然不是很刻意,但是很认真。看到了一种好的材料,就想把它设计成衣服。到了这个份儿,也就成了癖,或者说是热爱。周红认为所谓突然结果并不是一蹴而就的幸运,

自从与思凡与高级时装划上联系，一切就不同以往了。周红的聪明是天赋，从小就是比较神奇的数字天才，以至于现在成为所有思凡工作过的版师、剪裁师中剪裁排版最省面料的设计师，减少了公司很多成本浪费。

周红到法国学习时，法语不通。绝大部分时间她是在“猜”老师讲什么。当时觉得能跟上就不错了，学得比法国学生好，那是奢望。可半年不到，周红在立裁和功底课上就得到了高度表扬。老师把她做的人台坯布展示给大家看，然后很幽默地用法语说：“我的中文说得非常流利，而我好像不会说法语了。”谁都明白老师的意思，那堂课是用中文讲的一样，中国学生可以做得这么好，远远超过了法国同学。周红的勤奋不是时刻流露的兢兢业业，而是在聪明的基础上给自己暗暗添上的一把火。她整整用两个月时间，做了一个小马甲，用作品再现了法国高级时装的精髓，最终成为闪耀着巴黎光芒的设计师。

2004年，在上海国际时装周，周红的作品被业内评为“中国的国际品牌”，作品曾在巴黎罗浮宫、比利时安特卫普、韩国大邱、北京人民大会堂、中国国际时装周上获得好评。谈到获奖的感受，她说：“就好像这么多年一直在种花，每天都盼着什么时候能结果，突然有一天就结出了硕大的果实。我就是在多年栽培之后突然看到果实的心情，特别想与其他人分享。”周红是一个喜欢和别人一起分享快乐的人，这也是她作为一名服装设计师的高雅之处。

谈到大连国际服装节，周红说：“大连第一届国际服装节举办时，我还是名高中生。大连国际服装节走过第十个年头时，我和另外14名年轻的服装设计师一起留学法国，这是中国服装业的第一次，也开启了我人生的精彩。我就像一株小苗，从服装节中汲取着营养，一步步走到今天。”

认识周红的人，也许最想做的事，就是天天穿她设计的时装，走进她创造的世界。是啊，周红通过多年的努力，把思凡公司带进了一种“奇境”，她在这种“奇境”中，用贴近人们生活的服装，减少了都市人生活的压力，让生活在循规蹈矩中变得美丽精彩，让城市人的生活多一些想象空间，让生活充满快乐。

周红认真地说：“我们做高级品牌，设计师的眼界一定要高过消费群，

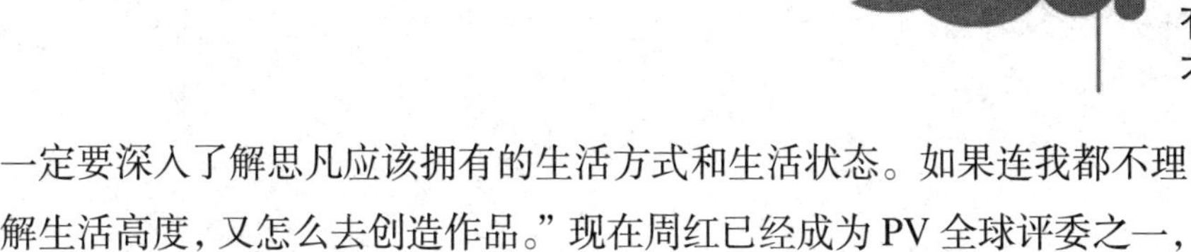

一定要深入了解思凡应该拥有的生活方式和生活状态。如果连我都不理解生活高度，又怎么去创造作品。”现在周红已经成为PV全球评委之一，她说故乡大连是她的骄傲，那么她就是大连灿烂的微笑……

逐梦箴言

法国的留学生活对周红回国后的事业发展有着很深的影响，她的设计很欧化，也是受了法国教育的影响。虽然她与大家走的路线不同，但周红却用努力实现了自己的社会价值，她在做着自己喜欢的事儿，她的快乐，她的成功经历告诉我们：一个人能从自己的事业中体会到快乐，这就是成功的。

知识链接

完美主义者

完美主义者的最大特点是追求完美，而这种欲望是建立在认为事事都不满意、不完美的基础之上的，因而他们就陷入了深深的矛盾之中。要知道世上本就无十全十美的东西，完美主义者却具有一股与生俱来的冲动，他们将这股精力投注到那些与他们生活息息相关的事情上面，努力去改善它们，尽量使其完美，乐此不疲。

大连国际服装节

上世纪70年代末，改革开放伊始，大连人便敏锐感觉到中华民族百纳五洲风采、重振汉唐服装辉煌之日已经来到，从而加大投入，群策群力，一举超越国内同行。80年代初、中期，便在全国服装展销会上成为获奖数最多、销售额连续6年夺冠的城市。1988年起，大连进而将原来不定期的服装博览会，改为每年举办一次的国际服装节。由此声势浩大，大获成功，一鼓作气而使大连成为服装名城。

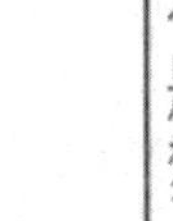

有梦想就会有成功

屠格涅夫说:“生活中没有理想的人,是可怜的人。”可怜之人必有可恨之处,一个没有理想的人,就不会是一个有信念的人,就没有前进的目标和方向。邓达智是兼多种职业于一身的人,他同没有理想的可怜人相比,是那么的令人敬佩和可爱。

邓达智 1958 年出生在香港一个望族村落。邓家是香港最早的居民之一,和廖家、文家并称香港的三大家族。邓达智是邓家第二十六代人。邓家在新界的村子已经有 800 多年的历史,邓家保存完好的宗祠是香港的文物保护单位,而时下粤港一带流行吃的“邓家盆菜”便是邓家流传下来的。

邓达智是在一个像伊甸园般的村落大屋里成长起来的香港男人。邓达智家的房子全是时明清时的建筑,这座祖屋记录着邓家曾有的荣光。邓达智的父亲有一妻一妾,家中有十六个兄弟姐妹,邓达智是第四个出生的孩子, 却是这个大家族的长子。自小他便有了祖父为自己开的银行户头,童年过得富贵无忧。邓达智的家四周都是鱼塘,村外有沼泽地,山上有红树林,有很多的野生动物。从小,他就热爱那山野间的风景,家人看管他不让出去,可他却偏偏要溜出大屋四处游玩。

邓达智的叛逆渐渐表现出来,在邓家这个大家族里,子女都是要送到国外受正规教育的。邓达智的父亲生性风流,但做起大家族的家长来却十分严厉。邓达智对自己职业的选择,就是和父亲作对的结果。从小他就喜欢画画,且非常有天赋。他说:“自学画画,那时我的三姐对我的影响很大。

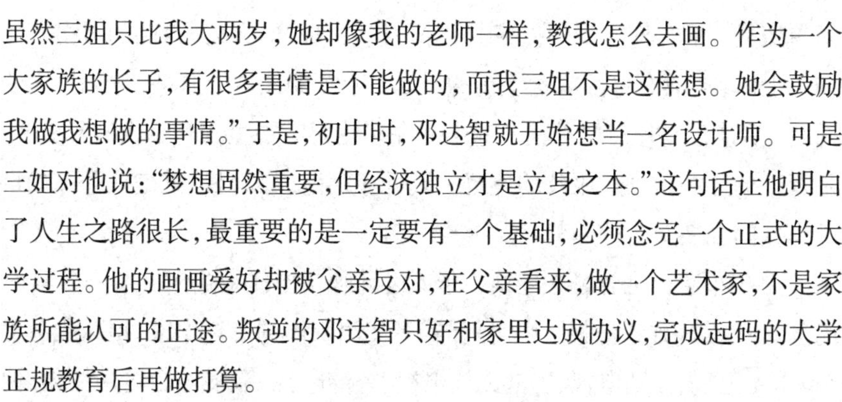

虽然三姐只比我大两岁，她却像我的老师一样，教我怎么去画。作为一个大家族的长子，有很多事情是不能做的，而我三姐不是这样想。她会鼓励我做我想做的事情。”于是，初中时，邓达智就开始想当一名设计师。可是三姐对他说：“梦想固然重要，但经济独立才是立身之本。”这句话让他明白了人生之路很长，最重要的是一定要有一个基础，必须念完一个正式的大学过程。他的画画爱好却被父亲反对，在父亲看来，做一个艺术家，不是家族所能认可的正途。叛逆的邓达智只好和家里达成协议，完成起码的大学正规教育后再做打算。

没有按照自己儿时的理想去做艺术家，他说上了大学之后对生活有了另一种看法，尤其是在念完经济学之后。他说：“做艺术家太苦，太被动，成功总是有赖于成功的经纪人和欣赏自己的老板，与其这样，不如自己先做有钱人。”他认为，经济独立是最重要的，于是看透之后，他决定做更实用的服装设计。

谈到这种独立观念的树立，邓达智的一位英国文学老师说的一句话也让他终生受用。老师说：“我给你一个合格的分数，因为我看到你曾经死读书，但整篇文章没有半点灵魂。读书不是读别人的答案，而应有自己的观点与角度，你可能与世人背道而驰，但最重要还是按照自己的坚持。”这几句话在邓达智以后的生命及创意工作上一直影响深远。他在财政上一直坚持经济独立，在生活上亦坚持思维独立。

邓达智初中毕业后，到加拿大安大略省京士顿城高等中学读书，1980年于加拿大安大略省贵湖大学毕业，取得经济学学士学位。1982年投身时装界，1983年到英国伦敦时装设计院，攻读设计艺术学士学位，1985年毕业后，曾担任多个时装品牌的设计师，1997年开办“服装五十年”时装活动，奠定了他在华人时尚界的领导地位。2004年，全资拥有品牌“威廉”，在广州、上海及北京设有分店。

穿衣服，邓达智的建议是“简单、舒服、自然”。要重视自己的感受甚于别人的眼光。而品牌，并不是需要特别注重的东西。对于时装，邓达智向来是以文化的角度来审视的。他的观点是，时装并非是一种买回来就穿的

简单道具，现在中国人的服装其实并不代表自己的文化，自己的习惯。比如在上海，居然有穿睡衣走上街的习惯。直接搬用西方服装，比如男人的西装，后遗症是连肩膀都撑不起来。在邓达智的眼里，30 年代的宋庆龄，是真正的穿中国现代服装的典范。流行穿旗袍，穿唐装，就是一种寻找自己民族的服装文化的趋势。

现在邓达智是著名香港顶级华人设计师。担任《瑞丽》《太阳报》《时尚》《文汇报》《香港信报·财经新闻》等多家媒体的专栏作家，担任凤凰卫视、阳光卫视、亚洲电视、香港无线电视、香港电台 、新城电台等主持人，他在多项领域发挥自己的才华。

对邓达智来说，写作是一件很私人也很舒服的事情。通过写东西，能够理清自己的思想，与自己作沟通。在他的作品里，就有《时装大师传奇》《朋友衣服》《时装大气候》多部关于时装的作品。

多种身份的邓达智给人的感觉是与众不同。他长得高高大大，粗犷豪爽，浑身散发出一种很男人的性感气息。现在的他，在不断推出自己一款款新的品牌之余，也非常注重其他领域的生活。他说自己的爱好是旅游、写作，还主持香港某电台的《游山玩水》。原来，在访遍名山大川、游山玩水的行程中，邓达智却在细心收集着时装设计的创作灵感。崇尚自然、喜欢探究时尚背后文化话题的邓达智选择内地“淑女屋”的“自然元素”品牌作为自己服装设计的新方向，他要做的是“街头服”的系列。他说中国的休闲服市场巨大，现在这一代是穿休闲服长大的，越来越理解休闲服，之所以做“街头服”，他感觉这个文化的气候形成了。他认为自己要做的并不是要领导潮流，不过是满足年轻人的生活需求。

作为设计师的邓达智，一直在裁剪着自己的生活，裁剪着盛世衣装；作为旅行家的邓达智，则习惯用设计师的细腻，剖析每片山水人情背后的诗情画意，他的旅行从不缺少艺术天分。他曾在一篇文章中写道：“无论耶路撒冷橄榄山，巴黎左岸圣许毕斯教堂前，还是印尼爪哇岛中部的浮罗交倚……老家附近的流浮山与我的童年始终不离不弃，暗影浮动，渔民泛舟归来，日落金黄和各色霞光吻着蚝壳遍布的泥滩……”

当然，作为一个专业的时装设计师，邓达智还有一个嗜好，即到全世界各地“淘宝”，淘最有特色的服装。他在英国的家位于格林尼治旁，每逢周末，他经常光顾当地的古董市场，用手抚摩一下各个年代的古董衣服及面料，这种古董衣多有上百年历史，甚至可以追溯至维多利亚时期。他还去南美亲眼看一看危地马拉的平织面料，看看安第斯山脉的斗篷和骆马，以及阿根廷的牛皮凉鞋、手编羊毛皮包。显然，这位看似特立独行、个性乖张的旅行者，其实还是不忘自己的设计师使命。

“禁牌时尚 · 邓达智”是香港雅仕时装集团旗下的品牌之一，由邓达智和资深时装出品人郑俊先生共同创建，系一家全港资企业，拥有面积超过5000 平方米的厂房，雇用员工 500 余人，集团公司强大的设计力量和优秀的生产制造能力在业界享有信誉，旗下拥有众多知名服装品牌。由以香港顶级服装设计师邓达智先生为首的设计团队设计，每年欧洲最流行、时尚的设计元素在“禁牌时尚 · 邓达智”品牌中得到最完美的体现，设计师们更擅长对细节的突破，以彰显个性化的着装理念。

作为第一位在内地办时装表演会 的华人设计师，邓达智在华人设计界有着不一般的地位。邓达智坦言他没有什么私人生活，“我的生活只分工作、运动和旅游。我很少跟朋友约出去喝下午茶、打麻将，这些我都不太做。”

逐梦箴言

生命只有一次，梦想却可以有无数个，他把生命和创造价值紧紧地绑在了一起。他是一名特殊的服装设计师，他少年的理想让人敬佩，他怀着千里梦想上路。在路上，他收获了种的芬芳。他用服装设计体现了对人的尊重，对美的尊重，他用文学创作，用文字记录了服装事业的精彩，他的各种职业都是满足艺术和商业价值需要的时尚。

知识链接

伊甸园

伊甸园根据《旧约·创世纪》记载，上帝耶和华照自己的形像造了人类的祖先，男的称亚当，女的称夏娃，安置第一对男女住在伊甸园中。伊甸园在圣经的原文中含有乐园的意思。圣经记载伊甸园在东方，有四条河从伊甸流出滋润园子。这四条河分别是幼发拉底河、底格里斯河、基训河和比逊河。现存的只有前两条。

宋庆龄

宋庆龄，伟大的爱国主义、民主主义、国际主义和共产主义战士，举世闻名的20世纪的伟大女性。她青年时代追随孙中山，献身革命，在近70年的革命生涯中，坚强不屈，矢志不移，英勇奋斗，始终坚定地和中国人民、中国共产党站在一起，为中国人民的解放事业，为妇女儿童的卫生保健和文化教育福利事业，为祖国统一以及保卫世界和平、促进人类的进步事业而殚精竭力，鞠躬尽瘁，作出了不可磨灭的贡献，受到中国人民、海外华人华侨的景仰和爱戴，也赢得国际友人的赞誉和热爱，并享有崇高的威望。

■ 梦想越崇高生活越纯洁

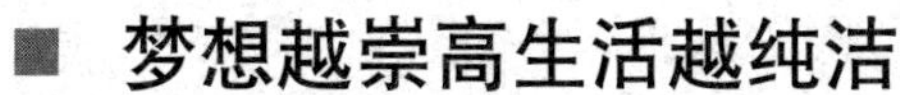

一个人的梦想越崇高，生活越纯洁。一个人的快乐，不是因为他拥有的多，而是因为他计较的少。服装设计秦晓霞就是一个对生活计较少一些，对服装设计要求高一些的人，她生活在时装的世界里，她累并快乐着。

在著名导演张艺谋拍摄的电影《满城尽带黄金甲》一片中，著名影星巩俐的服装华丽、大气，引起了好评。为巩俐和片中另一位主角李曼两人量身订做服装的设计师团队主创之一就是秦晓霞。

秦晓霞，1972 年生，著名的内衣设计师。先后毕业于中央工艺美术学院工艺服装设计系、北京服装学院服装设计与工程专业，1992 年至 1993 年就职于北京长城风雨公司。1993 年至今就职于北京爱慕内衣有限公司，在北京爱慕内衣有限公司期间，先后任研发中心设计师、设计部经理，现任爱慕企业旗下奢华品牌爱慕首席设计师。

秦晓霞就职到北京爱慕内衣有限公司后，对专业和艺术孜孜不倦的追求使其设计日臻完善；独特的创意、灵敏的洞察力使她的作品丰富多变。她善于将国际流行趋势与中国消费者需求巧妙融合，由她主持设计的爱慕品牌的众多产品系列，深受消费者喜爱并带来了很好的市场销售业绩。她在爱慕公司多次获科技成果奖并荣获了爱慕十大杰出人物的称号。

在服装行业做出了名堂，取了成绩，秦晓霞永远也忘不了自己第一次走入爱慕公司的情景，那时这家公司还叫“美山子制衣公司”，自从迈进这家公司大门的那天起，她就没有停歇过，她努力地做一名好的内衣设计师。

当时，没有任何一所服装高等院校开设内衣设计专业，虽然有些设计手法可以借鉴，但秦晓霞认为，国内外设计师在设计思路上有很大的不同，主要是由于消费者的需求观念不同。比如国外消费者每半年就要淘汰旧款内衣，这在国内是不可能的。国内消费者更注重内衣的实用与塑型功能。因此，秦晓霞不仅在内衣设计上进行钻研，更在技术上进行创新。在公司创建之初，作为第一批内衣设计人员，甚至内衣的打版也需要靠秦晓霞与同事自己摸索。她说："那完全是误打误撞，我根本不知道怎么做内衣，考试时每个人都要亲自做一件文胸。老师傅会告诉我们每一步应该怎么做，机器也和做时装的完全不同，但是也许是在原来的单位对各种机器的性能掌握得比较好吧，我上手很快，很顺利地便完成了考试，也是在那时我第一次知道，内衣的制作工艺原来很复杂。"

谈起内衣设计，秦晓霞更愿意把自己当作自学成才者。没有现成的理论，也没有老师指导，所有的设计技巧都是她和同事们一点点摸索出来的。度过了初期的兴奋、新鲜，秦晓霞逐渐感到了内衣设计的艰辛。"和成衣比较，内衣需要的面料更复杂，辅料也特别多，还有不同的型号，那时也没有现在先进的技术，所有的工序都需要手工完成，但反而锻炼了我们。"秦晓霞从最初参考日本内衣版型，到不断总结归纳，建立爱慕一套符合中国人的版型标准；从手工打版到现在电脑设计、制版、推版；从当年仅有 5 名内衣设计师，到如今 17 名设计师设计三个品牌系列；秦晓霞与爱慕公司一同成长起来。她作为主要设计师参与研发的"爱慕塑身衣"、"三角受力结构文胸"等新产品，结构科学，科技含量高，获多项国家专利，并填补了国内内衣结构中的空白。

与时装设计师光鲜亮丽的头衔不同，内衣设计师很少受到人们的关注，是不折不扣的幕后工作者。其实，塑造人体美可是一项复杂的工程，要经过几十道的工序。秦晓霞刚到"爱慕"时，她的工作就是在样衣车间亲自操作缝纫机，而且一干就是半年。这段时间的实践让她对于内衣的结构、工艺和生产有了全面而详细的认识，这也是做内衣设计师的必修课。直到现在，每年公司招来的新设计师依然会遵循这一"传统"，从基本功练起。

"舍得，舍得，不舍怎么能得"和"吃亏就是福"一直是秦晓霞在工作时牢牢记住的两句话，无论多么艰苦、枯燥的工作，她都当作是对自己的锻炼，坚持做到最后、做到最好。

在外人看来，作为一名时装设计师是件很风光的事，作为内衣设计师就大相径庭了。时装设计师是从画效果图开始的，但内衣设计师却是从最枯燥的版型做起。工艺决定内衣外观，因为生产工艺的不同，对内衣最终的外观也不同。秦晓霞对自己作为一名内衣设计师而倍感自豪。她说，内衣设计的是由内而外的美丽，塑造出人的形体美。

内衣设计处处皆学问。这就需要内衣设计师有很强的基本功，对综合能力要求高，因为内衣是最贴近身体的，讲究科学性和精确度，差之毫厘就可能影响到最终的穿着效果。秦晓霞把内衣设计师形象地比喻为"设计师+打版师+工艺师的综合体"。虽然近两年"爱慕"的设计与打版工作已经全部电脑化，但她依然坚持设计师的亲历亲为，非常重视对新人实际动手能力的培养，这也成为她考核员工的重要指标。

随着爱慕企业的发展，秦晓霞也有了更多的机会与国际内衣设计同行进行交流，每年两次的巴黎内衣展与里昂内衣展，她看到国外设计师在内衣面料、色彩方面应用，总是有新的收获。记得2001年第一次到法国参观内衣展时，那时国内的内衣设计还遵循顺色的原则，在展会上秦晓霞看到国外设计师设计的色织、彩绣的内衣，特别是一款将蕾丝花边沿花型剪开的剪贴应用十分别致。此后秦晓霞在自己的设计将这种方法加以创新，结果产品投放市场反映强烈。

2004年底，"爱慕"在北京中国大饭店发布小型公演，开启了中国国际时装周主办方中国服装设计师协会与"爱慕"之间为期三年的战略合作，奏响了内衣品牌步入时尚主流的序曲。

2005年3月24日，爱慕将"新丝绸之路"带上了北京时装之都开幕晚会的大舞台，展现了灿烂历史文明中经典元素的时尚魅力，标志着内衣文化正式步入主流时尚。

2005年11月17日，"爱慕·东方神话"2006春夏国际内衣流行趋势发布活动在中国国际时装周中成功举行，“爱慕”荣获最佳内衣设计奖；研发中心设计师秦晓霞当选中国十佳时装设计师。“爱慕”首次正式步入中国国际时装周便以其原创设计为世界演绎了一场东方内衣的时尚神话。时装周也因为增添了内衣行业而变得更完整，更权威，使内衣赋予了中华传统与时尚碰撞的艺术神韵。

从当初毫无经验的新人，到如今的首席设计师，在科班出身的秦晓霞眼中，一名好的内衣设计师要思想敏锐，洞察力强，还要有踏实的工作态度和丰富的技术积累。创新精神可以说是她孜孜不倦的动力，不断促使她在技术上进行革新。与国外消费者趋向于自然、性感的消费理念不同，国内顾客更倾向于内衣的实用与塑性功能，因此，她倾力研发了“爱慕塑身衣”等新产品，填补了国内内衣结构设计的空白。功夫不负有心人，2005年，秦晓霞获得了“中国十佳时装设计师”称号，成为第一位获此殊荣的内衣设计师。

逐梦箴言

内衣是女性最美丽贴身的伴侣，秦晓霞用自己的巧手为女人装点出了最美丽的内在风情。一路走来，有汗水、有挫折、有欣喜，她凭着自己的一腔热情，为自己的设计赋予新的生命力。她作为内衣设计师是集多种角色于一身的多面手，被称为由内而外为女性身体构型的设计师，伴随着她的奋斗与成长，向世人证明了内衣设计师这个新兴职业的艰辛与希望。

知识链接

《满城尽带黄金甲》

电影《满城尽带黄金甲》，由张艺谋执导，周润发、巩俐、周杰伦、刘烨等主演，2006 年 11 月 12 日在洛杉矶举行全球首映，同年 12 月 14 日全球同步公映。该片改编自曹禺的代表作《雷雨》，背景则影射为五代十国时期的后唐。影片皇宫气势恢宏，服装精美，被美国《时代》周刊评选为 2006 年全球十大最佳电影，荣获第 79 届奥斯卡最佳服装设计提名、香港电影金像奖 14 项提名，美国影评人协会年度最佳外语片第二名，美国第 33 届“土星奖”最佳服装设计奖。

内衣

内衣，是指贴身穿的衣物，包括背心、汗衫、短裤、胸罩等。内衣指穿在其他衣物内的衣服，通常是直接接触皮肤的，是现代人不可少的服饰之一。内衣有吸汗、矫型、衬托身体、保暖及不受来自身体的污秽的危害的作用，有时会被视为性征。某些内衣更含有宗教意味。

智慧心语

一个人有了崇高的伟大的理想，还一定要有高尚的情操。没有高尚的情操，再崇高、再伟大的理想也是不能达到的。

——陶铸

理想使你微笑地观察着生活；理想使你倔强地反抗着命运。理想使你忘记鬓发早白；理想使你头白仍然天真。

——流沙河

今天的创业者，要有远大的理想和抱负，并学会把远大的目标分解、简化成具体的一件件事情。因为一个困难一个困难地去克服，比一下子面对一大堆困难要好得多。

——刘永行

理想不抛弃苦心追求的人，只要不停止追求，你们会沐浴在理想的光辉之中。

——巴金

每个人的生命都是一只小船，理想是小船的风帆。

——张海迪

第七章

有翅膀才能飞翔

导读

飞翔是鸟类在空中的飞行活动，有滑翔、鼓翼、翱翔三种方式。鸿雁因鸿鹄之志而鹏程万里；骏马因胸怀大志而驰骋千里；雄鹰因坚强意志而翱翔于风雨之中，自然界中不乏有"志"的动物，作为万物主宰的人类更应该有"理想"，因为有理想者事竟成。有理想才能成就大业，有理想才能成功，人有了理想，也同样可以飞翔——

有信念才能成功

成功就是达到所设定的目标。成功其实是一种感觉,可以说是一种积极的感觉,它是每个人达到自己理想之后一种自信的状态和一种满足的感觉。梦想是人生的指路标,梦想是成功的催化剂,梦想是每一个人所必须拥有、眷恋、执着坚信的目标,但是梦想就如同一颗小小的种子,只有深深根植在心灵的沃土上,用心灵的雨露滋润,才能结出心灵的果实。

被称为中国时尚的“发言人”张肇达,无论是走在大街上,还是坐在他服装设计办公室里,你都看不出他与正常人有什么区别。事实上,他的生命极富传奇色彩。张肇达 1961 年生于广东中山沙溪镇,他的伯父张国雄是个画家,他自幼随伯父学油画,后被岭南著名画家黄霞川收为入室弟子。为实现画家梦,少年的他背上画板,骑上单车去“游山玩水”,不仅提高了写生技能,而且了解到社会底层生活。画毛主席的像成了他的绝技,作品参加中山美展还获过二等奖。

1978 年,17 岁的张肇达险遭雷击而大难不死,他说:“上天留我,我绝不虚度此生。”

为了能更好的在绘画方面发展。张肇达高中毕业后选择了与绘画有关的职业——进中山刺绣厂做设计师。他因工作勤奋,又被送到广东工艺设计人员培训班学习。1983 年,他已是中山刺绣厂的骨干。他所设计的产品创造了最好的销路,在广州秋交会上,他的作品成了外商关注的焦点。

张肇达似乎天生就是一块设计师的料,在导师们的独特训导下,他很

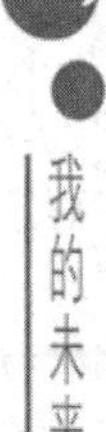

快找到了服装设计的窍门。他认为服装的目的不是突出衣服，而是突出人，最优秀的服装应该是人的陪衬和装饰。他说："产品设计要考虑的决不只是一个美好问题，它在设计一个消费层、一种生活方式、一种经销模式，著名品牌都有自己独特的消费群，大师带给人们的是一种生活方式。"

1985 年，张肇达显露出的设计师的才气，让美国纽约高级时装大亨赫伯德、法国著名设计家艾丽斯、香港时装之父莫侃特、香港高级时装界权威汪遵仪等服装设计权威人士看中他为培养对象。从此他被这些导师定为与世界接轨的服装设计人才。几位导师为了把张肇达培养成才专门为他制订了秘密、严格的培训计划。有专人教他欣赏世界名画，让他了解现代服装诞生前后的文化背景和绘画流派；有人向他讲解迪奥、阿玛尼等人的成功经验，让他阅读世界时装大师的传记和作品；导师们拿给他许多时装杂志，让张肇达默写时装刊物的款式，培养他捕捉灵感和收集流行信息的能力，经过特殊训练后的张肇达，很快便进人设计师的角色。

1986 年，张肇达的创作天赋马上取得了更加令人振奋的突破。巴黎《欧洲时报》宣称他设计的时装"闯入世界最名贵的时装行列"，结束了中国时装在欧美只能是地摊货的历史。

能取得如此好评真是一个令人惊叹的奇迹。

1991 年，张肇达在美国檀香山举办个人作品发布会，所有作品即时销售一空，舆论哗然不已。这仿佛就像一个难解的秘密，多年来美国最著名的珠片晚装牌子，其中 50% 由他设计，每次世界选美活动和模特大赛都选用他的作品。

1995 年，张肇达被评为"首届中国十佳服装设计师"，1996 年又获联合国教科文组织颁发的 "21 世纪东方之星——中国服装设计师的优秀代表"证书……他成了活跃于中国时装舞台上的优秀人物，他取得了一个个令人羡慕的荣誉。

张肇达的英文名字 MARK · Z，他并以此设计了签名字形。但是在设计圈中，因为他是中国衫衫集团公司首席设计师、马克 · 张集团公司的创作总监，经常能引来中国时尚界惊奇的设计，他的作品有着不可思议的魅力,人们都喜欢称他为“阿马”,这么称呼他,还因为他在创造奇迹过程中,其思维模式与行为模式都是怪异的。

在工作方面,张肇达有自己独特的“日程表”,他一年之中,有一小半时间在国外,观摩世界大师的产品和各种营销方式;有一小半时间在北京,与国内的设计精英一道把握着中国服装航船的正确方向;也有一小半时间在中山,为马克·张集团所拥有的16个企业,3600多名职工出谋划策。

在生活方面,张肇达有自己独特的食宿习惯,十几年来他天天早晨练功,每天只睡三四个小时,海鲜、牛羊肉不能多吃,睡足了吃多了会生病发烧;喜欢脱鞋穿袜在地毯上行走,喜欢坐在地毯上与朋友聊天,喜欢躺在床上批阅文件。

在社交方面,张肇达有自己独特的待人接物方式,有时,他穿牛仔裤、一件T恤衫在田野、车间与杂勤、农民聊天;有时,他穿西服、扎领带在豪华宾馆套房里与时装大亨、银行家们谈笑风生;有时,他陪客人去歌舞厅娱乐,自己却不会唱也不会跳,当见到客人进入状态后会突然“失踪”,人们找啊找,发现他居然在一个角落的沙发上睡觉。

有着这些怪异行动的张肇达,在企业管理上也有自己独特的观念,他以天才的设计保证企业盈利,对企业却统而不治,把总经理的职务让给擅长管理的人,自己只做董事长,仅为企业拟出总体方案,不做具体的管理。站在世界服装潮头的他,对中国服装充满信心。他说上海是世界又一个时装中心。对自己的未来,他更有梦想:他要建立一个“时装帝国”,拥有全世界的销售网络,拥有国际水准的工艺制作班子,创出代表6个不同层次的时装品牌,以及鞋、袜、香水、护肤品、领带、皮带、皮具等系列品,让消费者进入他的商店可以买到与服饰有关的一切……

张肇达被服装界称为“谜”一般的人物,他被称为中国的加里亚诺,是中国国内时装界的领头羊,他是中国时尚界曝光率最高,影响最大的时装设计师。他是MARK CHEUNG联席会议主席,是中国服装设计师协会副主席,是亚洲时尚联合会中国委员会主席团主席,是清华大学美术学院兼职教授。在张肇达的事业中,每天都是一种挑战,每一次都是一种冒险。

他曾经流浪，从南到北，从东到西，从中国到美国，从中东到欧洲。不断的绘画创作，不断的旅行，积累了张肇达艺术思维的底蕴，增长了他对时装设计的深层次的理解，激发了他的强烈创作欲，他在艺术思维的海洋里任意飞翔，并迸发出瑰丽的创造力。无数的机缘巧合，遇上了无数艺术界、时尚界的精英。使他成为中国时装设计师闯入欧美时尚界的第一人。

逐梦箴言

张肇达，走向世界的中国时装设计的拓荒者，在市场与优雅之间创造完美平衡，他是一位颇有争议的当今中国最有影响力的时装设计师，他伴随着记忆中梦想的影子和激情，他走上了一条实现梦想的时尚品牌王国的缔造之路。他的成功，源自丰富的文化内涵，同时也源自他始终低调而不懈追求服饰的完美境界。

知识链接

油画

油画是以用快干性的植物油(亚麻仁油、罂粟油、核桃油等)调和颜料，在画布亚麻布，纸板或木板上进行制作的一个画种。作画时使用的稀释剂为挥发性的松节油和干性的亚麻仁油等。画面所附着的颜料有较强的硬度，当画面干燥后，能长期保持光泽。凭借颜料的遮盖力和透明性能较充分地表现描绘对象，色彩丰富，立体质感强。油画是西洋画的主要画种之一。

雷击

雷击是在对流旺盛的积雨云团之间、云团内部上下或云团与地面之间形成强的正负电荷放电及爆震的天气现象。雷击云层之间的放电对飞行器有危害，对地面上的建筑物和人、畜影响不大，但云层对大地的放电，则对建筑物、电子电气设备和人、畜危害甚大。一但对万物造成危害都可以称为被雷击。

有恒心才能有将来

恒心是一切力量的来源，是推动工作、事业前进和发展的力量。恒心来自心中的目标和梦想，有理想才能有恒心，有恒心才能有发展，有发展人生才能成功。被称为时装“天后”的吴海燕，就是因为有了坚定的目标，才让她的设计作品里永远充满了时装现代、舒适、华丽、精致而又不失典雅的气息。

吴海燕1958年出生在杭州的西湖边上，那个风景优美的地方，不但养育了她生命，西湖的灵秀，恬静的山水，还给了她艺术上的灵性。她1984年从中国美术学院染织专业毕业那年起，开始为影视剧、舞剧、杂技、文艺晚会等设计服装，成为改革开放后中国第一批服装设计师中的一员。

虽然最初步入专业领域时的她尚没有“全球化”的理论自觉，可是出于职业的敏感却早就在关注着远方服装艺术界的大师、同仁，过去、现在及未来所做的一切。吴海燕不仅通过各种途径悉心收集着来自远方的种种艺术信息，而且步履匆匆时常出现在许多欧美时尚之都的艺术天地之中。先是作为寻访者、观摩者、游学者，后是作为参与者、展示者、策划者、主持者。追逐时尚是她为自己定下的理想目标，引领时尚是她的最高使命。

“只有民族的才能是国际的”，吴海燕朝着这个方向努力着，终于成为具有民族精神创意的服装设计师，她的作品里洋溢着的浓郁民族情结。她说：“我对民族文化的热爱可以追溯到学生时代，那是读大三的那年夏天，我来到了敦煌。大漠尽头，一幅幅敦煌壁画所展示的中华民族绚丽多彩的

服饰艺术让我深受震撼，让我觉得找到了艺术生命的源头：服装设计只有传递出中华文化的精粹，才能在世界舞台上散发迷人的魅力。”从此，吴海燕开始有意识地“积累”中国传统服饰元素。

吴海燕的作品大量采用中国丝和麻作为面料，善于运用中国元素进行纹样的创意设计，力求在传达民族精神和文化的同时准确把握住国际时尚的主流和特征。1992 年，吴海燕的作品《远古情怀》获全国首届服装设计绘画艺术大赛一等奖，1993 年，作品《鼎盛时代》获首届中国国际青年服装设计师大赛唯一金奖，她创作的以当代时装结构和时尚色彩，被中国服饰艺术博物馆收藏。

1999 年，吴海燕的作品《起承转合》获第九届全国美术展设计艺术类金奖。1995 年、1997 年吴海燕连续当选第一、第二届中国十佳服装设计师，2001 年获中国服装协会与服装设计师协会颁发的唯一的设计师最高奖“金顶”奖。在国内服装设计界获得巨大成功的同时，吴海燕洋溢着浓郁“民族情结”的作品逐渐得到国际服装界的认同并成为向世界展示中华文化精粹的窗口。

1986 年起至今，吴海燕的作品多次在法国、美国、德国、日本、马来西亚等国家参加宣传中国文化、弘扬民族艺术、以时装表演的形式促进国与国之间文化交流的活动。20 多年来，将中国传统文化如何活化于当下的时尚生活，一直是吴海燕所探索的。如今，具有鲜明设计师风格的“东方国”品牌已诞生，吴海燕希望通过她的创意为大众提供一种文化品质的生活“用物”。

集思想家、哲学家、作家、作曲家于一身的卢梭说：“时装以其现实的美点缀着世界。”吴海燕就是服装美丽世界的缔造者，她在中国服装设计从荒芜到兴盛的流变之中完成了华丽的转身，跻身为中国顶级服装设计师之列。她的多方面才能奠定了她的设计基础，仿佛她就是由那让她情有独钟的华丽丝绸的经纬线编织而成。然而，时尚百变，唯一不变的则是吴海燕对于民族精神亘古不变的追随——

舞台上的个人辉煌并没有让吴海燕感到满足，她认为服装设计最终要

从舞台上走进生活，她拒绝了外国服装商百万年薪的邀请，来到国内一家丝绸集团担任服装总设计师，决心推出属于中国的高档丝绸品牌。同时，她也感觉到相比个人创作，更要重视服装艺术的传承。面临 20 世纪 80 年代初，中国服装企业遍地开花，服装教育却远远滞后的局面，吴海燕登讲台，手上没有一本中文教材。她说："我们这代人注定是铺路石"。从此，在"传承与变革的统一、民族与国际的统一、教学与实践的统一、行为与理论的统一"这些领域里吴海燕开始了"多维"艺术生活。

吴海燕对理论与理性的倾心，表现在行动上。许多艺术家都以长于形象思维而自豪，并时常等待着灵感火花的闪烁，而海燕则将形象思维与逻辑思维的有机结合作为对自己的要求。在吴海燕的心目中似乎始终有着某种强烈的理论情节，渴望自己能够成为一个服装设计界的智者。在与世界多国服装设计界高手的对话中，她曾经为自身理论的匮乏而语塞、而遗憾。于是，服装设计理论与服装设计教学理论就成为她每日灯下耕耘的园圃，强烈的民族使命感与社会责任感驱使海燕时常成为一个"担当责任的人"，作为浙江高校的学科带头人、作为中国服装设计集团的首席设计师，她不得不时常扮演着"空中飞人"的角色，在杭州与北京之间飞翔、在许多国家间飞翔。但她更想把自己比喻为一只勤奋的蜜蜂，不动声色从四方采集芬芳精心酝酿，再哺育后人、回馈社会。

作为博导教授，吴海燕桃李满天下，她热爱教学、热爱着学生。在课堂上她是一个严厉的导师，可又总像磁铁一般吸引着学生们敬畏的目光。她将自己的设计心得和设计思想毫无保留地传授给了学生们，无论是本科生还是硕士生、博士生都以能成为她的学生而自豪。而她自己也从不掩饰在学术领域的"贪婪"，服装、家纺、面料、工艺、品牌、展示，几乎所有领域的问题都会激发她研究的欲求和无限的创造力。而她也都能够不负众望，再次奉献智慧给人以耳目一新的体验。严谨的教风、丰厚的经验让一批批学子受益，而她也常常沉浸在学生们成功的喜悦之中。

1993 年吴海燕获得"第二届浙江十大杰出青年"称号，1998 年获"文化部优秀专家"奖，2004 年获"上海国际服装文化节十佳服装设计师"，2004

年获“第五届浙江鲁迅文学艺术奖突出成就奖”,2004年教育部授予她“全国优秀教师”称号,2005年当选浙江省民间文艺家协会主席……

现在,吴海燕是中国顶级时装设计师,是中国服装协会副主席、中国美术学院染织服装系主任、教授、博士生导师,是北京吴海燕纺织服装设计有限公司总裁、艺术总监、中国家用纺织行业协会室内文化研究会副会长,人们可以在许多场合看见她忙碌的身影,她揹到之处,无一不留下了她对生命对艺术的尊敬和创意。

逐梦箴言

吴海燕这个名字,因为她在她在服装界取得的成就,而被永远地载入历史史册。她是集“丰富的”、“多变的”、“开放的”、“执着的”于一身的女人,她是“多维”的,她拥着激情与梦想,在服装设计王国里寻找着时尚的灵感,把握着流行趋势,她用作品和业绩展示她是一位时尚的才女,她拥有着超凡的设计天才与灵气。

知识链接

天后

天后一般指神话当中一些伟大的女神,例如中国神话的妈祖,又称天妃、天后、天上圣母、娘妈,是历代船工、海员、旅客、商人和渔民共同信奉的神祇。古代在海上航行经常受到风浪的袭击而船沉人亡,船员的安全成航海者的主要问题,他们把希望寄托于神灵的保佑。在船舶启航前要先祭天妃,祈求保佑顺风和安全,在船舶上还立天妃神位供奉。“天后”一词在港台娱乐圈有足够贡献、人气旺盛和一定资历与地位等条件的女艺

人都会有“天后”一词的美誉。

知识链接

改革开放

改革开放是20世纪70年代末中国开始实行的改革经济政策、对外开放的政策。改革开放包括对内改革和对外开放。中国的对内改革首先从农村开始，安徽省凤阳县小岗村开始实行“家庭联产土地承包责任制”，拉开了我国对内改革的大幕；对外开放是中国的一项基本国策，中国的强国之路，是社会主义事业发展的强大动力。

有责任才能有大爱

大爱是传统的博大的爱，是一种无私的爱，大爱是无边的，也是无言的。有理想、有思想、有智慧、有大勇、有担当的人就是有大爱的，理想和大爱是一个人发展进步的灵魂，为了能让自己的人生成为一个有大爱的人，集著名油画家、文化实业家、导演、服装设计师与一身的陈逸飞，在童年就播种下希望的种子。

1946 年 4 月 12 日，陈逸飞出生浙江宁波。那一年，他的父亲陈庚赉正好 40 岁了，他的母亲范雅也已 39 岁，他是家中的长子，父母中年得子心情是非常喜悦的。他的父亲是一位化学工程师，母亲也受过高等教育，他出生的知识分子家庭，对陈逸飞人生和艺术都产生了深刻的影响。

在陈逸飞六个月大的时候，随父母来到上海居住。作为化学工程师，父亲最大的特点就是严谨。在陈逸飞的眼里，父亲的严谨有些近乎苛刻了，小时候写作业只要有一个字写错了，这一页就要重新抄写。父亲的教育让陈逸飞学会了严肃，认真，细致，一丝不苟。

陈逸飞的父亲默默地做着他的科学研究工作，在单位实验室做不完的研究又常常被带回家里来研究，这就是家里为什么有那么多的坛子和瓶子。当时的陈逸飞并不知道这些坛子和瓶子的价值，只觉得这些东西还有另一个价值，就是他可以对着这些坛子和瓶子画画。后来，陈逸飞没有去实现父亲期待他的化学工程师梦，做了一个文化人格健全的艺术家和文化人。

但是父亲却影响了基本人格的构成，这种人格又让他受益一生。

陈逸飞说:“父亲当年的影响成就了自己的性格,成就了自己的人生。从父亲那里,我感悟到敬业精神对一个人的成功有多么重要。他们还教导我做人要忠厚善良,父亲给了我敬业精神。”是啊,陈逸飞的人生就是从那些瓶瓶罐罐边开始的,他很能吃苦,也很能享受。

同样,陈逸飞的母亲也是他生命色彩中最深重的一个人。母亲的教育,让他具备了趣味、优雅、幻想、富于美感,就走上艺术道路而言,母亲更宽更广地影响了陈逸飞。

陈逸飞的母亲是一位温婉而柔敛的女人,早年在教会学校接受教育,当过一段时间的修女,是个忠实的宗教人士。他的母亲在30岁时与他父亲相识,才放弃了将一生献给宗教的人生计划,为人妻为人母了。虽然回到人间烟火,但宗教信仰没有改变,还是天主教徒,还是坚持去做礼拜,十分重视宗教节日。

陈逸飞说:我的母亲是做过修女的,她从不大声对人说话,从不以恶待人,她会给我们奏管风琴,讲故事。记得她曾很平静地对我们说:“我没钱可以给你们,钱全部给你的爸爸拿去买瓶子了。”所以,母亲常常领他一起去教堂,让陈逸飞感受到了丰富的宗教艺术,在潜移默化地感染着他,使他从小就开始汲取西方宗教艺术的营养。母亲把种美感和梦想传递给了陈逸飞,让他从小就追求美的和谐,追求梦的圆满,追求人生和艺术的完美。后来陈逸飞的艺术设计、艺术创作,只要有不满意的地方,他就不惜费时费力,一定重来。这是母亲给他的艺术哲学,也是母亲给他的人生哲学——追求完美。

陈逸飞的母亲,是最早把陈逸飞的绘画兴趣培养起来的,他说他母亲是他整个绘画生涯的奠基人。“我母亲有很高的艺术修养,会弹管风琴,是一名虔诚的天主教徒。小时候她经常牵着我和弟、妹的手去教堂做弥撒。宗教礼仪,教堂内的玻璃彩画、雕塑、管风琴都在我心里留下深刻印象,也可以说是启蒙了我最初的艺术感觉。自从我爱上画画后,从未停止过画画。”

陈逸飞入学前接受了良好的家教,1951年,5岁的陈逸飞进入宁国路小学就读,开始了他的读书生涯,也开始更广泛地接触艺术,逐渐靠近艺术。学校经常出黑板报,在老师的指导下,让学生自己动手,陈逸飞经常有机会

参加黑板报创作。黑板报摘抄书报上的一些知识,简单报道学校的一些情况,简单地排版,再配一些插图装饰,陈逸飞的那点绘画特长这时候得到展示。陈逸飞学业成绩优秀,品学兼优,被选拔推荐参加全国少年儿童夏令营。绘画一开始就是陈逸飞的特长,很快,他被推荐到少年宫美术班学习,因此进步更快。

1957年,11岁的陈逸飞进入浦光中学就读,仍是学业成绩优秀者。陈逸飞对美术兴趣加深,除了上美术课,他还参加学校的美术兴趣小组,定期在老师指导下画画,美术教师是施南池。在少儿读物中,陈逸飞喜欢看连环画,根据小说绘制的《山乡巨变》《交通员》《一颗纽扣》《白毛女》等连环画,都是他一读再读的。在众多的连环画作品中,陈逸飞偏爱贺友直、华山川、顾炳鑫、杨逸麟的连环画作品,觉得生动活泼,传情传神,被深深吸引。

1965年陈逸飞毕业于上海美专,同年进入本院从事油画创作。1966年,文化大革命爆发,浩劫开始,陈逸飞被发配到上海市郊劳动。他说:“劳动空余时我就偷偷写生,画速写,周日把邻居家的孩子请来当模特画素描。那时候真的很用功,就是在医院里陪伴着病危的父母,自己在急诊处吊着盐水,也在构思画面上的构图。在上小学时,除对绘画感兴趣,还对文艺演出尤其是电影情有独钟,常常买5分钱一张的学生票泡在电影院里。有一年腿部骨折躺在床上两个多月,我就凭记忆画以前看过的苏联、波兰电影的画面解闷,让自己走进电影中去。”

1980年,陈逸飞赴美国纽约亨特学院攻读美术硕士学位,并在短时间里获得20张作品在新英格兰现代艺术中心、史密斯艺术博物馆和布鲁克林博物馆的展出机会。1983年10月,他在纽约哈默画廊举办个人画展首展,以后在该画廊共举办了六次个人画展…… 后来,他成了著名油画家、文化实业家、导演、服装设计师。以“大美术”的理念,在电影、服饰、环境设计等诸多方面都取得了创造性成就,成为文化名流,是闻名海内外的华人艺术家。

陈逸飞在诸多方面取得了创造性成就,令文化界人士为之折服。一次,他在出席新闻发布会时,进行自我界定说:“我画画、拍电影、设计服装,如今还办起了媒体,有人问究竟该如何称呼我,我说叫视觉艺术家吧。我对

生活中所有美的东西都非常关注，我是在用我卖画的钱来经营自己的视觉产业，同时涉足这些产业又会让我的画风得到突破。”

陈逸飞不赞同画家就该一辈子埋头作画，时代变了，越来越多的艺术家在走出沙龙、象牙塔。陈逸飞说：“实际上做任何事情都是在验证一个人的能力，也是验证一个人的思想方法和工作方法。我认为如果一个人有一个好的思想方法和工作方法，任何事情他都会做得很好。”

陈逸飞的大视觉文化实验，在电影文化领域先创佳绩，继而在服饰文化领域异军突起。突出的表现就是，1997 年上海逸飞服饰有限公司成立，之后相继在全国设立了 167 家分店。1998 年 3 月，推出逸飞女装专卖店，向市场展示春夏新款时装。这些时装带着“逸飞制造”的艺术神话很快成为白领阶层的钟爱的品牌之一，专卖店也已经开遍全国，逸飞品牌，神速地成为知名品牌。

服饰设计和服装产业的从业者都十分重视视觉敏锐的画家们的服饰理念。陈逸飞在进军服饰产业以前，作为画家，他的服饰理念就一直受到人们的关注，他进入服饰文化产业以后，人们就更加关注他的服饰理念了。他说：“我是个很随意的人，当然，我对美的东西很敏感，我喜欢享受，也不忌讳说自己穿的全是好品牌服装。我喜欢干净，更喜欢去服装店挑选新衣服……”

陈逸飞涉足服饰产业后，有人便误认为他改行了，其实不然，服饰文化只是他的大视觉文化实验的一个部分。当代艺术家的视觉艺术活动也应该用多种手段进行，他把画画、拍电影、做服装，都视为是自己美育观点与观众的对话。所以说他进入服饰圈是水到渠成，自然而然的。他说：“我没有搞过服装设计，但绘画和服装之间不是隔行如隔山，最多隔一堵墙，在国内外，我当过许多时装节、服装展示会的评委，看多了，自己也坐不住，想亲手试一试。”

品牌是陈逸飞着装哲学的核心，他在接受贾斌的采访时，说了自己的着装哲学。对自己所经营的服饰，他希望它能像一朵美丽的花，让人喜欢。陈逸飞想做时装大王，正是怀着一流服饰、服装大王的梦想，他开始了高标准高规格的服饰产业运作。

陈逸飞在设计制作和营运流通的过程中，都力图把服装做得像他的绘画艺术那样。对陈逸飞来说，服饰是一项产业，更是他一项神圣的事业。他把服饰看成是城市的一道风景线，他深感自己作为艺术家应对城市负有责任，就想在这道风景线上再添加一层色彩。

陈逸飞将精力转至服装设计，虽然时装发布会场面气势宏大，逸飞专卖店相继上市，杂志创办的设计新颖，但是这些成绩远不及他在绘画艺术领域的辉煌成就。人们对于陈逸飞的崇敬仍然是他的绘画中人物的精细与传神。

2005年4月10日，“永远的大师”陈逸飞因病去世，他将文化遗产留在了人间。他在服装上以浓墨重彩的中国元素，灵动飘逸的服饰风格，带领着消费者经历了一次跨越时空的时尚之旅。他的服饰理念、服饰产业、服饰文化、服饰品牌，成了陈逸飞留给后世的最宝贵的文化遗产之一。现在“逸飞”成了人民生活质量、生活品味的代名词。

逐梦箴言

陈逸飞在人生的启蒙阶段，获得了敬业精神，获得了艺术兴趣，获得了学习方法，这意味着他可能走向高处，走向远方。后来他用时尚的理念，时尚的消费，引领着大众，也引领着自己。他是一个有着社会良知的杰出艺术家，他是一个有着大爱思想的人，他用美学良知和视觉创造，开创了一个时代、引领了一代时尚。

知识链接

修女

修女是天主教中离家进修会的女教徒，通常须发三愿：“绝财”、“绝色”、“绝意”，从事祈祷和协助神甫进行传教。在中国，修女有时被称为“姆姆”。

■ 有进取才能有希望

“希望”是一个人心中最真切的幻想、盼望、期望、愿望，理想是一个人对未来事物的美好想象和希望，当一个人在人生的征途上奋斗时有了理想就有了希望。第四、五、六届中国十佳时装设计师、中国服装设计师“金顶奖”得主张继成，就是一个拥着理想和希望征战在服装王国的一个“王者”。

张继成，1969 年 5 月出生在内蒙古。蒙古人是一个马背上的民族，历来待人热情、性格豪爽，这一特点也自然而然反映到生活的方方面面。其中一个显著的特点就是有钱就花，开心就好。从小张继成就血气方刚，性格刚强，他说：“我总是在外面和人打架，为此没少挨家里人打。但我小时候就有一个特点，就是凡是认定的事一定要干成，特别有毅力，这点对于我人生后来的发展非常有帮助。上小学时我就学会了抽烟，后来抽得很凶，父亲一次说‘你要是连烟都戒不了，那你还能干成啥？’我发狠一定要把烟戒掉，下了决心，果然很快就戒掉了。”

那时，张继成身上还有一些与生俱来的缺点，如身为内蒙人，却未能长成伟岸魁梧的身材，语言表达能力也很差，他说：“既然老天安排让我不善表达，那我只能做多干少说的人，既然老天没有将我生成一个伟岸的男人，那我只能在做人和做事上比别人付出更多，不让别人看低我。”

后来，张继成从一个叛逆青年，成为一个谦虚、忠厚、温文尔雅的“好好先生”。在他 17 岁时，以内蒙古艺术类总分第一名成绩考取纺织工学院。关于自己的这个人生选择，他说：“你一定不要总是抱怨上天给你的缺点，

要把这当作挑战，不断克服你的缺点，这样会发现，缺点有时候会变得不那么重要。”

天道酬勤。张继成靠着自己的毅力和天赋的设计才华，多年来一路走来，走到了北京，走到了中国时尚舞台的最高点。1991年获地毯图案设计“百花奖”二等奖，1995年3月获“兄弟杯”国际时装大赛国家奖，1996年3月获“蒙妮莎”杯时装设计大赛银奖，1998、1999连续荣获“中国优秀设计师”“中国十佳设计师”称号，2000年12月中国国际时装周荣获“金顶奖”“中国设计专业第一名”，2001年4月荣获中国服装业“最有价值设计师”；同年12月荣获“中国名师”勋章四人之一……不用细数张继成取得的荣誉，听听他的独白，就明白了他的艺术境界，他说：“许多国际品牌的设计之所以能历久弥新，其根本的原因在于他们知道如何将各种元素适当地加以融合，他们会吸收世界各地设计师的精华，而把这些因素很好地融会到自己的风格中去。原创的东西在设计中是需要的，但它不是根本，小设计师强调原创，真正的大师是在整合。”

张继成是一个“很有想法的年轻人”，当年，学装潢设计的张继成大学毕业后被分配到地毯厂做地毯设计。至今，他还清楚地记得第一次去厂里报到时的趣事，在地毯厂门口张继成被传达室的看门拦住问：“你找谁？”

张继成说：“我是来报到上班的。”看门人回答说：“厂长不在。”可是张继成就回答说：“我就是来报到当厂长的。”后来，在他的努力下，他很快就脱颖而出了，不到30岁就被任命为一家2000人的国营企业的厂长，他的这一件“趣事”也成了人生的付款佳话故事。

在张继成初涉服装行业时，“鄂尔多斯”还叫着老名字伊盟羊绒衫厂。从1994年开始，张继成在这个后来以“温暖全世界”口号闻名的中国最大的羊绒企业做了三年的首席设计师。那时没有任何背景、不善言辞的张继成，凭借着自己努力，在鄂尔多斯找到并发现了自己服装设计的天赋和才华。之后也为几个国际一线大牌服务过，如阿玛尼、杰尼亚等，让他找到了设计的自信和进军国际舞台的决心。

上世纪90年代后期，张继成很快就迎来他职业生涯中第一个辉煌时期，他说："那段时期我经常参加国内各项全国设计大赛，而且回回获奖，不是金奖就是银奖，行业里的人都熟了，管我叫获奖专业户。"

那时，张继成的想法就是想走出内蒙去开阔自己的眼界，接触一些当时活跃在中国设计界的顶尖人物，他说："每次参赛对自己都是一个挑战，也知道我没有背景，没有傲人的师承，没有能说会道的本事，只能靠自己的实力说话了。得什么奖对于我来说并不重要，重要的是我要改变别人对我的看法。"

在鄂尔多斯的职业生涯中，张继成领悟到了很多影响他日后设计生涯的东西，而且他那时候就显示出和普通设计师不一样的天赋，很注重市场营销和设计相结合。他尝试把价钱卖得贵的款式摆在一件标有"天价"的样品旁边，利用价格对比的心理让顾客产生购买欲望…… 也因为如此，他迎来了事业的巅峰，张继成在服装设计界达到辉煌的历程也是让人瞩目的成绩，2000 年，31 岁的他一举登上了中国设计师的最高峰——"金顶奖"之上。与此同时，用"天价年薪"聘请他的民营企业维信集团，也让他成为当时身价最高的服装设计师之一。

张继成没有华丽的外表和凌厉的气势，他给人的感觉是内敛低调中略带几分羞涩，但他祥和的目光中所流露的真诚与平静，总能让每个与他接触的人感觉到亲切。中国国际时装周这个舞台上并不缺少出类拔萃的设计师，但是顶尖的针织服装设计师却是微乎其微，实属凤毛麟角，他在中国的针织服装设计上进行了"零的突破"。现在，在中国，张继成在羊绒服装设计领域远远地走在其他设计师前面。这位来自内蒙古的汉子，对于羊绒设计有着得天独厚的优势。他对裘皮及羊绒服装的设计、造型、工艺十分熟悉，以极具现代感的款式演绎高贵、优雅的风格，已经在服装行业独树一帜。现在，他是中国服装设计师协会理事，是中国服装设计师协会时装委员会主任委员，是亚洲时尚联合会中国委员会理事，服装服饰有限公司设计总监。

如今，刚过不惑之年的张继成，经历过奋斗、努力、成功后，对人生有了更深刻的感悟，他身上有一股内蒙人特有的韧劲，他相信自己的实力和毅力，他说："我希望十年之后还要比现在更胜一筹。"

逐梦箴言

张继成对裘皮及羊绒服装的设计、造型、工艺都很老到，以极具现代感的款式演绎高贵、优雅的风格。他坚持创作的根本在于文化整合，原创不是惟一的追求。他是年轻的高层管理者，是有才华的设计师。典雅、含蓄、简约，雍容华贵、精雕细琢的女性美是他的创作追求，他为中国时尚界做出了突出的贡献。

知识链接

王者

王者是指某些事物一定方面上的最强或出类拔萃者，是同一行业中的优秀者，最高者。

天价

天价意指非常昂贵的价格。像是钻石、珠宝、名人死后留下的画作等等，都有可能是一般人无力购买的一个高价。

■ 有付出才能有幸福

幸福是心理欲望得到满足时的状态，是一种持续时间较长的对生活的满足和感到生活有巨大乐趣并自然而然地希望持续久远的愉快心情。在人生的路上，有理想的人，是能够付出的人，是激情生活的人，也是一个能享受到幸福的人。

1970年8月出生的武学凯，毕业于天津纺织工学院，他是中国服装设计师“金顶奖”得主，曾就职于中国杉杉集团有限公司，2003年赴法国巴黎罗浮宫参加“时尚中华”当代中国优秀时装设计师作品发布会，2006年参加首次米兰时装周“中国日”时装发布。创建北京汉武国际、武学伟&武学凯时尚创意工作室，创建WXW&WXK高级时装定制品牌及WU.D成衣品牌。他是中国服装设计师协会理事，是时装艺术委员会主任委员。

武学凯的设计理念是：设计是人性物语，可以触摸、感知、体验。作为70后设计师的领军者，他用产品诠释了自己的设计理念。他说：“一个设计型、创意型公司，不仅仅要注重整个产品的创意和设计，也要注重产业优势资源的整合，那可能会更有利于设计企业长远或向更好的方面发展。”

“在这个前所未有的变革时代，我总在试图保持自我的独立性，以自己的视角观察时代的变革。”在武学凯的思想观念里，树立鲜明的个人设计风格比追随时尚更为重要。他更相信个性的力量，因为它具有持续的延展性。思想的感召力超越了技术与审美的局限，将不同领域的成果有机结合，由表及里，用无束的状态加以呈现。他担任“柒牌”设计总监以来，该品牌市

场反响一直向好。该品牌展现了现代都市中女性独立的生活态度。

在武学凯的职业生涯中，杉杉是永恒主题之一。武学凯的成功故事看似简单，却不失生动，更不失真挚，他经过了他们这一代设计师从稚嫩到成熟的心路历程。他说："我学会了做一件事要有规划，一旦确定要具备坚强的承受能力，更要有坚持不懈的毅力。"可见，这时，他内心深处已坚定了这样的观念，

在武学凯刚毕业的时候，宁波是当时中国最繁荣的服装产业集群地。于是，他拿到毕业证书后直接坐着火车奔赴宁波寻找他的未来。当时杉杉在华东地区已经相当有名气了，已经是中国十大名牌之一。

武学凯的求职经历也很简单，他与杉杉董事长进行了一分钟交谈之后，甚至没去过公司，没进过厂房，就成为杉杉的一名员工。这不能说他的运气好，而是证明了，他展现出来的艺术天赋，让他成了符合杉杉推行人才战略机制的人，他成了重点培养的对象。接下来，在 1997 年至 1999 年之间，杉杉连续做了几次颇为轰动的发布会，武学凯一下子成了同行们中最幸运的一个，每天接触的都是华贵面料，每天一起工作的都是非常精良的团队，他马上成了一名脱颖而出的设计精英。他 1998 年荣获中国十佳时装设计师称号；2002 年荣获中国时装设计"金顶奖"。他从一个年轻的艺术人才真正成长起来了，他实现了许多看似不可能的梦想，他也登上了中国设计界的高峰。

设计创作是武学凯生命中最永恒的符号，无论什么材料摆在面前或深入任何服装领域，他都可以对创作充满了欲望和梦想。也许，就是这份对创作的执著和责任感，让武学凯顺利攀越着事业上的一座座高峰。武学凯用事实证明：年轻无极限，他用淡然包装着青春的激情。他说："那时我正在杉杉经历很多新鲜的事，从生产经理到设计总监，也做过品牌经理。学习特许加盟，做发布会，经历企业收购到多品牌战略，包括出国考察。可以说，每天都在新鲜当中成长，每天都忙不迭地学一些新东西。"的确，武学凯在杉杉的十多年的岁月中，经历了很多设计师很难经历的丰富事情，既吸收养分，也奉献智慧。他的成功就是一种坚持、一种品格延续和发扬。

如果说杉杉给了武学凯一个优良平台和宽裕的发展空间，真正做出成绩还是要自身的努力。有很多时间武学凯会忙到什么地步？几天几夜都在他的创作室里，终于可以到外面散散步，见到久违的阳光都感动得直流眼泪。他说："当时我们的设计环境在国际上都是很宽松的，所以，我们敢于梦想更伟大的事情。杉杉会让我有这样的梦想，而有了这样的梦想，思想力和行动力才会如此饱满。"

杉杉是武学凯实现梦想的地方，应该就他在实现梦想的征途上创造了奇迹，收获了幸福。他说："服装设计师大多是很执著的一类群体。对于我来说，最大的幸福就是能够安心致力于时尚创作，有时候觉得为了创作、为了艺术，生命都可以付出。"

2003 年，武学凯赴巴黎举办"时尚中华"当代中国优秀时装设计师作品发布会，并获得宁波服装节组委会颁发的"最佳时尚设计师奖"，这让他信心满怀地走在迎接未来的路上。这通往未来的路上，他的弟弟武学伟也加盟到服装设计行业里来，他们兄弟合作，成了"武氏兄弟"，随着两个相继获得金顶奖后，来自中国北方小镇的武氏兄弟，似乎从小并没有受过什么都市时尚营养的培育，但在他们如今的发布会秀场上，却看见了很多很多的设计作品。武学伟、武学凯兄弟如今先后获得中国服装设计界最高奖项金顶奖的殊荣，兄弟两人在每年中国国际时装周盛宴上的发布展示也令很多设计业界同仁们瞩目。而他们兄弟的服装设计情结也成为中国服装设计业界的一段佳话。他们武家兄弟合作就更值得期待，两个人既有合作的潜力，又有深厚的感情，加上一份血浓于水的亲情和各自的能力，在服装产业跨入创意产业的过程中拼搏，也可以让中国服装界再多一份传奇色彩。

2006 年，武学凯代表中国在米兰举办"2006 米兰时装周 · 中国日"中国设计师品牌作品发布会，同年 获得上海国际时尚品牌博览会组委会与上海服装行业协会授予的"中国服装设计大师"称号……

关于未来，武学凯很是感慨，他说："我们这一代其实很幸运，往后，新一代设计师的创业成本和门槛都很高，一点小失误都可能付出大代价。而我们已经闯过了浮躁这一关。无论如何，设计师都要通过自己的能力让生活更快乐、更开心，给自己更多成长和创作的机会。”是啊，多年的磨练，让他的羽翼已经丰满，他正向更高的目标前进，因为他知道自己永远是后代服装设计的参照物和榜样。

逐梦箴言

十几年的创业历程，成就了武学凯中国第一代设计师的梦想。虽然他付出了很多，但他却创造了许多中国设计领域的“第一次”，他淡然地对待取得的成绩，但却不能把一位年轻设计师的无限激情全部包装起来，在未来的服装界，武氏兄弟期待能够将武家风格流芳百世，希望能续写好已经具有传奇韵味的“兄弟组合”。

知识链接

杉杉

杉杉是指杉杉股份有限公司，是服装行业上市公司中规模较大、具有较高知名度的企业。公司主营服装，产品以西服为主，兼有衬衫、休闲服等。

参照物

参照物，用来判断一个物体是否运动的另一个物体，叫做参照物。一个物体，不论是运动还是静止，都是相对于某个参照物而言的。对于参照物，要注意以下两点：说物体是在运动还是静止，要看是以另外的哪个物体作标准。这个被选作标准的物体就是参照物；判断一个物体是运动的还是静止的，要看这个物体与所选参照物之间是否有位置变化。若位置有变化，则物体相对于参照物是运动的。若位置没有变化，则物体相对于参照物是静止的。

智慧心语

时装以其现实的美点缀着世界。

——卢梭

人有了物质才能生存，人有了理想才谈得上生活。你要了解生存与生活的不同吗？动物生存，而人则生活。

——雨果

要是一个人，能充满信心地朝他理想的方向去做，下定决心过他所想过的生活，他就一定会得到意外的成功。

——郭小献

毫无理想而又优柔寡断是一种可悲的心理。

——培根

神圣的工作在每个人的日常事务里，理想的前途在于一点一滴做起。

——谢觉哉

第八章

他们是这样走向成功的

导读

在人生的旅途上，理想如星辰导航，目标如黑夜的明灯照亮人的心灵；在前进的道路上，梦想是岩浆集合成硬石，激情是石敲出星星之火，信心是火点燃熄灭的灯，毅力是灯照亮夜行的路，责任和爱是路引你走向黎明……有理想才会有创造，有目标的人才会有成功的机会，才能获到成绩的喜悦——

理想永远在心中

理想是心中的梦，只因为心中珍藏了一个梦想，一个人才会变得更加的坚强和豁达，才能让心有多大，舞台有多大，天有多高，路有多远，世界有多大。

王新元，身高 1.80 米，体重近 100 千克的黑脸大汉，在中国服装界内堪称是一个举足轻重、不容忽视的"重量级"人物，是中国时装设计师中耀眼的明星。

王新元，1958 年元旦出生在浙江普陀山；1974 年高中毕业下乡插队，成了江苏省射阳县果园场"知识青年"；1976 年参军入伍，在军营四年主要从事宣传工作，1978、1979 年绘制的两套幻灯片分别获北京军区第一名；1981 年考人苏州丝绸工学院工艺美术系，学习面料纹样和服装设计。大学四年期间任班长、院学生会主席、苏州学联副主席。四年均被评为优秀学生干部、三好学生；1985 年分配在北京丝绸总厂开发部任设计师，从这以后他和服装设计结下了不解之缘。

自从加入到服装行业之后，王新元对自己的名字又有了新的解释，那解释里有一种狂妄的、自信的味道：开创时装新纪元，新者为时，元者为尚；中国服装会因新元而改变走向！这不是一个血气方刚的年轻人的斗胆放言，而是他想立足服装行业的铮铮誓言。这时的王新元，不仅不讷于言，而且敏于行。立下如此誓言的背后，是因为有其十足的才气作支撑。军人出身的他，曾狂热地追随过巴顿将军的影子，他喜欢电影中巴顿将军望着滚

滚坦克威严地从身边驶过时吼着说的那句话:“咳,我真喜欢他妈的战争!”所以,当他投身到服装行业后,他希望自己有所造就,希望自己能引领时装潮流,希望服装行业因为有了他的加盟而发生一场新的革命。

1986 年,王新元任中国丝绸总公司《时装》杂志社记者。负责组织大型活动和咨询工作。组织过第 60 届广州交易会 13 场大型时装表演,任艺术总监。在此间为中央电视台撰写四集电视专题片《服装文化录》并发表各种服装类论文 6 集。

1987 年,王新元赴香港学习服装设计。获香港时装设计学院优秀毕业生称号,并在香港著名 J.M.T 时装公司任设计师。在此期间参加全港青年设计师时装大赛获第二名, 获 1988 年中国深圳时装节全国服装设计大赛三等奖。

1988 年,在深圳举办的首届时装节上,王新元应邀参赛。根据当时流行的绿色,他从头到脚,包括耳环、脚环、口红、丝袜、皮鞋都设计成绿色。后来,他又推出以黑、白、红色为主的“职业女性时装”个人作品发布会,在全国服装界、新闻界引起轰动,他曾多次在时装设计大赛中获奖并有多项荣誉。

王新元从香港学成归来,和香港的一位知名时装设计师一道,合伙办起了新元时装有限公司,其个人股份占 40%。那时王新元为了筹钱,变卖了几乎所有值钱的东西,最后竟卖掉了一个新买的四合院,到了“倾家荡产”的地步,他把钱全部投入到时装行业,这像一个未知的“赌注”一样,让他全身心地投身到“战争”中去。

开公司之初,王新元推出有点娇媚俗艳的香港风情女装,马上被无情的市场风波“摧残”,他“初战”失败了,他没有停步不前,而是把目光瞄向了刚刚崛起的写字楼,他要为工作在写字楼里的白领丽人们做职业女装。可是这时,职业女装的市场已被同行的作品“铺天盖地”地占有,他没有“阵地”,只好甩一甩脑袋,挥一挥衣袖,叹一口气,潇洒地离开了这领域。

在事业低谷时,和他一同出来想“风风火火”在服装行上大干一场的女模特有的出国,有的改行,有的嫁人,同一个战壕的同盟者都已淡出了服装圈，可是他却坚强地选择挺住，依然一个人顽强地坚守在阵地。王新元无数次劝慰自己说：“挺住！你的名字注定你不是弱者，你一定会成功的”。

可接下来的日子却是艰辛的跋涉，他将目光转向高级女装，并开始在这个领域里调查研究。王新元这个大男人在个人穿着上，也是丝毫不想苟且的。在行头的置办上，他可谓是一掷千金，大到外观西装，小到内里衬衣，从发胶到男用香水，王新元真正是将自己“武装到了牙齿”。范思哲这类世界顶尖级名牌永远是他穿着的首选。他已将自己从表到里，从外到内深深地融化到了时装之中。他说：“要想真正地搞好服装设计，就必须时刻观察女性的最新动向。”因此，王新元非常“好色”，他常常夹杂在美女丛中留连忘返，他的朋友中有当今中国著名的模特，影视明星，节目主持人……身边几乎云集了各类有代表性的时尚女人。不仅如此，他还在公司中专门“豢养”了两个年轻貌美的模特，她们不光用来拍片试衣，而且更是作为设计人员们创作灵感的“源泉”。他允许她们在公司内毫无顾忌地走动、说笑，呈现出平时最自然最妩媚最动人的一面；而当这些呆板的“衣服架子”活动起来时，一种有冲击力的时尚便也悄悄地流动起来。于是，沉滞的设计师们马上就抓到了一种鲜活的，有生命力的东西，创作也随之变得勃勃有生机。

在王新元看来，女人即美；而时装表达的是一种生活态度和方式。时装，也便成了他生死不渝的“情人”。王新元会在一本画册中说出这样一句耐人寻味的话：“给我一个好女人吧，我会还给你整个世界！”

整整三年过去了，王新元终于迎来了服装事业的新纪元——1997年9月，中国第一家高级成衣杉杉“法涵诗”时装公司正式宣告成立了。作为“法涵诗”的执行董事和总设计师，王新元掌握了一连串的经营谋略之道，从人员聘任、面料选择、产品设计，到专卖店开张、促销，乃至于画册的拍摄，形象代表的选定等，事无巨细，他都事必躬亲。就像阿里巴巴在瞬间掌握了“芝麻开门”的神机妙语，熟谙了服装的玄机之后，王新元打了个漂亮的翻身仗。

王新元的设计简洁流畅，设计理念新颖，逐渐形成了自己的设计风格。

在中国国际服装服饰博览会上，他的作品受到了好评和关注。他不辞辛劳地周游考察，设计推出了至少要有 200 套以上的服装作为强大后盾。几年之后，“法涵诗”已在中国遍地开花。

王新元，1997 年被联合国教科文组织授予“中国最优秀服装设计师”称号。2006 年他出任上海国际时尚联合会副会长兼秘书长。1999 年加盟如意集团并任总设计师，2000 年在长城举办了“长城秀”个人专场时装发布会……现在的王新元，是中国著名的时装设计师、时尚艺术家。中央电视台《东方之子》节目中，称他为“中国杰出设计师”并进行了专题报道。

逐梦箴言

从心仪到心动，从神交到灵感的奔突泉涌，到随之而来的线条色彩款式理念的整体把握，王新元享受的是服装设计创造的整个过程。他加盟到时装界后，让这个行业光彩倍增，营造了一个刻意展现的空间。他利用中国面料的源远流长，展现了新潮时尚。他为中国服装由制造过渡到创造，作出了突出的贡献。

知识链接

知识青年

知识青年，简称知青，广义泛指有知识的青年，一般指受过高等教育的年轻人。特定历史时期的称谓，指从 1950 年开始一直到 1970 年末期为止，自愿或被迫从城市下放到农村做农民的年轻人，这些人中大多数人实际上只获得初中或高中教育。

■ 目标永远在前方

“想成为一个优秀的时装设计师，首先要执著。年轻人有点磨难应该是一笔财富！”这是第六届“广州十大杰出青年”、中国著名旅美高级服装设计师刘洋在广州杰青“成长论坛”上接受采访时说的一句话，这句话是他对自己人生经历的一个总结，也是他与青年展开互动，分享自己的精彩人生时的寄语。

关于“时装”，刘洋在小时候没有接触过这个词。童年，父亲希望他成为一个画家。因为他从小就在绘画方面表现出了深厚的兴趣和爱好，四岁上学后，又是一个全面发展的好孩子，喜欢跳舞、唱歌、绘画。但是在他七岁那年，却发生了一件与绘画无关的“大事”，他说：“在母亲走亲戚的时候，我把她结婚时候唯一的红色头巾偷出来，裁成一条小短裤，把口罩的白带子做装饰线。正在得意的时候，母亲回来了，我以为她会打我，但母亲没有打我，给了我 5 分钱，那时候 5 分钱可以买很多的东西，我觉得是很大的奖励。所以从那以后就胆大妄为，开始倒腾。”从他的话里，我们可以听到，当年他偷母亲的红头巾做成的短裤，一定做得很精致，不然怎么能得到母亲的奖赏。

关于自己与服装结缘，刘洋回忆说：“考大学的时候正是改革开放，我特别羡慕香港，穿着喇叭裤，看上去很漂亮。所以那时起想做服装设计师，最终考了广州美术学院服装设计。

“我觉得给人设计很多漂亮的衣服是很高兴的事情，可以把你的文化、内涵、生活状态表现出来。那时上课经常给我们班的女同学画喇叭裤，老师会批评，但就是迷恋这个东西。我觉得广州是我事业的起点，考上这个专业之后，我真正走上了时装界。”

1987年刘洋毕业于广州美术学院服装设计专业，获全国艺术院校52名品学兼优大学生奖；1989年获首届中国青年时装设计大赛一等奖，二等奖和两个三等奖；1991年 获香港国际服装节银奖……刘洋说：“我喜欢广州，很爱广州。由衷地感觉到广州人非常勤劳，非常能干，为了自己美好的生活日以继夜地奋斗。广州人很实在，这种精神深深地感染了我。我非常喜欢广州人。当你用生命创作时，作品才会有灵魂。我希望中国的设计师品牌将来也能成为世界的阿玛尼、GUCCI。梦想让中国的男装走向世界。”

为了实现这个梦想，刘洋在服装王国的芳土上辛勤耕耘着——

刚则出道时是艰难的，刘洋住的是七八平方米的房间，没有空调，窗户烂掉用塑料布、图钉钉一下，洗澡都是在公厕里面洗，那时候没有钱，也没有人注意你，所以自己很努力，努力通过大赛让社会认识自己，又通过自己的发挥让社会认识自己。他说：“我一个人来到广州，我只能靠自己的努力让社会认可我，我才可以发光发热做出更多的成绩。曾经穷到了只有几十元，每月收入八九十元，一分钱一分钱攒着。我还去做‘走鬼’，弄些出口转内销的衣服卖，也被抓过，最后还是没有攒到钱，那时候非常艰难，但是还是遇到很多人帮助我，最后终于开了自己的第一场发布会。走出来之后，从有钱到没钱，都经历过了，我很乐意回忆这些，对我是一种鞭策，我觉得年轻人有点这种磨难应该是一笔财富，是挺值得拥有的。”

经历是财富，刘洋就是用这笔财富，在人生高峰时打开另一个世界。谈到经历，刘洋永远也不能忘记那一幕，他说：“1998年争世界奥斯卡时装奖，当时我22天几乎没有睡觉，当我们在给模特量身的时候，一秒钟就倒地了，当时心脏顶不住了，说不出话，然后母亲说，孩子咱不要了，什么也不做了，回家吧，当时我也很难受，因为忠孝不能两全。”

但是，刘洋没有随母亲回家尽孝，他依然工作在设计室里，那一年他获得了中国的金领奖，又获得中国设计师商业排行第一名，中国设计师媒体排

行第一名，中国十大设计师第一名，之后又破格晋升为教授，1999年又获得了"广州十大杰出青年"的荣誉称号。

获得了那么多的奖项，在别人看来功成名就了，可是他却将自己融入美国时尚生活里面去，去FIF时装设计学院，打开另外一个世界。在这个过程中，他付出了很多艰辛，他说："当服装设计师真的很累！十几年不知道什么叫过年和礼拜天。记得有一天正在完成一个设计任务，到了晚上十点还没吃东西，胃很痛，就叫上小妹一起到外面吃点东西。望着身边不时走过的拿着玫瑰花的情侣，一问才知这天是情人节。回到家，望着铺满桌面未完成的桌面效果图，心里倍感失落，别人以为设计师很风光，这种滋味只有自己知道。"就在这种不懈的努力之下，刘洋终于走出了一条通向成功的路，2000年，刘洋举办了中国有史以来首台大型高级职业服装发布会，开辟了中国高级职业服装表演的先河。

刘洋说："我出道时就以时尚、前卫定位，事实上，很多企业与我合作后才知道我做市场的经验很丰富。我对市场有自己的感觉，我自己评价是既会做秀也能做市场的设计师。经过这么多年的沉淀，我追求的是通过自己的设计体现一种美感，能让很多女性穿上我设计的服装实现一个梦想，所以我现在喜欢的是高级成衣和成衣的设计。我不否认高级时装的魅力，只是目前我更喜欢做市场的东西。"

现在，在刘洋身上有着许多灿烂的光环，他是中国服装设计师协会艺术委员会主任委员，是中国服装设计师协会执行理事，是广东服装设计师协会主席，是广东服装行业副会长，是广东高级职称评审会委员，他成了影响中国服装业的风云人物之一。刘洋以其卓越的才华及百变的形象影响了一代中国青年服装设计师，在经历了这无数艰辛和无数荣耀之后，刘洋谈到了"责任"，他说："对于设计师来说，创造美，传递美，让生活更美，是一种责任。"是啊，对于刘洋，他的理想永远在前方……

逐梦箴言

著名时装设计师刘洋少年得志，梦想伴随着他走向了成功。他以其百变的形象影响了一代中国青年服装设计师，在经历了无数艰辛和荣耀之后，他浮名蜕去方显真我的英雄本色，他着力打造中国自己的服装品牌，忙着为设计师争取权益，促使中国的服装业向更深、更新、更高的境界推进。他肩负起了设计一代时尚的责任。

知识链接

喇叭裤

喇叭裤是现代裤类名称。所谓喇叭裤，因裤腿形状似喇叭而得名。特点是低腰短裆，紧裹臀部；裤腿上窄下宽，从膝盖以下逐渐张开，裤口的尺寸明显大于膝盖的尺寸，形成喇叭状。在结构设计方面，是在西裤的基础上，立裆稍短，臀围放松量适当减小，使臀部及中裆（膝盖附近）部位合身合体，从膝盖下根据需要放大裤口。按裤口放大的程度，喇叭裤可分为大喇叭裤和小喇叭裤及微型喇叭裤。喇叭裤的长度多为覆盖鞋面的长度。小喇叭的裤脚口比中裆略大，约在 25 厘米左右。大喇叭的裤脚口，有的竟在 30 厘米以上，穿着后像把扫帚在扫地。

走鬼

走鬼是流动小贩违法摆卖时，逃避执法人员抓罚而相互招呼走脱的暗语，后来被人们当作无牌流动小贩的代名词。事实上，“走鬼”已成为一个特殊的零售市场，直接影响着部分市民的生活。在一些地区“走鬼”更成为一道特殊的风景线。

梦想永远在飞扬

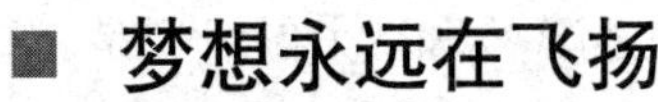

中国著名服装设计师邓兆萍是一个干练睿智、率性独立的女人，她是服装圈内的“大姐大”、女强人。

邓兆萍的父亲以前在香港做洋服生意，为参加社会主义建设，1955年从香港回来，从事服装教学工作，是广州服装业内一位有名气的老裁缝，是广东省十大技师之一。

邓兆萍，1958年随家人从香港回到大陆。童年她的梦想是成为一名舞蹈演员，她学了七年芭蕾，梦想自己能成为中国的乌兰诺娃。

她说：“我12岁那年，美院和人艺还是合在一起的，我考试的时候是著名画家关山月先生的太太介绍的。去之前我告诉姐姐，一定要做A角，要做中国的乌兰诺娃。结果人艺的老师告诉关太太，这个小孩挺聪明的，但按她的骨骼发展，永远做不了A角，比如天鹅湖，最优秀只能做小天鹅。于是后来我就打住了，从13岁开始老老实实去准备高考，之前一直都在练功、演出。”这以后，她的梦想由舞蹈转向了别处，上大学时她考上外语翻译专业，毕业后在广州市纺织工业总公司从事翻译工作。她爱好广泛，喜欢哲学爱好政治，通晓英文和日语，对几大宗教都有浓厚兴趣，她曾在耶路撒冷感受圣洗，也曾在幕府的和室触及内心。她用佛教淡然出世的理念做人，用基督积极进取的入世态度去做事，中西文化在她身上完美交融。

她说：“做进口设备翻译，有日语也有英语，特别痛苦，那时没有金山翻译、快车，天天拿着一本厚厚的字典，查设备的专有名词。我学的不是专门

的设备外语，以前分得没有这么细，你想啊，我这么喜欢跳舞的一个人，多痛苦啊，结果真的不行了，就要求调去基层，宁愿去当一线的营业员或者量身的师傅，后来我设计出来的衣服非常漂亮，都是自己画结构图，然后让我父亲做出来，结果非常好看，单位就按照我的设计做，其中一款竟然卖了 3 万 8 千件。"

创下了零售卖出 3 万 8 千件的纪录，让她受到很大的鼓舞，感觉到做一名服装设计师是那么的荣耀，是可以受到人们尊重和热爱的。于是，这一年她改变了心意，决定往服装设计方向发展，并向美院教授拜师学艺。

看来，邓兆萍就是做服装设计师的宿命。她生于服装世家，她的父亲是服装业内一位有名气的老裁缝，可少年时她却偏偏不愿意女承父业，她说："看父亲太辛苦了。而且有点逆反心理，父亲一直想让我继承他的事业，因为哥哥姐姐们都违背了父亲的意愿选择了自己的人生方向。"可是大学毕业后，她却进了一家服装企业当起了翻译，或许是耳濡目染的原因吧，或许是她骨子里原本潜意识里就是喜欢设计衣服的。她说："那时候我就按自己的想法画一些衣服的草图，让父亲给我做，同事们见了都说好看。有一次，大家就说我穿的那件衣服可以做出来卖，然后真的生产了，结果卖了 3 万 8 千件。"

这个数字，让邓兆萍尝到了服装设计的"甜头"，她与设计定下了一生的盟约。诚然，邓兆萍知道要想走服装设计这条道路，光靠自己现有这点"小技术"是远远不够的。她牢记一句话："父亲说过，做一行要爱一行，爱一行就要钻一行。"为了走好这样一条路，邓兆萍进入广州艺术大学服装专业开始学习专业设计。

1993 年，邓兆萍跳到一间日本服装公司，负责服装设计以及物料采购，第一个月的工资就让她成为万元户；1996 年起致力于职业服装和中青年白领女性时装设计与经营，是"兆丰制服"和"心水时装"的创始人和艺术总监；1996 年获"贤成杯"全国服装设计大赛银奖；2002 年，邓兆萍在北京举办了自己的第一场专场时装表演，自称"为别人做漂亮的衣服，也成为了我的理想。"

邓兆萍是最有底蕴的美女设计师，她是服装搭配的专家又是色彩搭配

的高手，中西方文化在她脑海中碰撞得很强烈，但骨子里面仍然很传统。她的一些作品，东西方文化交融非常完美。她不同于一般的服装设计师，不是一个整日为钱奔波的商人，更不是一个以市场热销来标榜自己的设计师，有人说她亦中亦西，亦技术亦艺术，撷取西方元素，融汇东方神韵，经典中充溢着袭人的时尚气息，凭着设计师多年来对东方女性形体的深入研究，创造出独特的制作工艺，完美地诠释现代职业女性的魅力。身为女性设计师，她设计并快乐着，也因为自己的快乐心情和时尚设计，不断给周边的人带来快乐。

邓兆萍的创作风格，一如她娴雅而细腻的情感世界，写实而铅华洗尽，不哗众取宠，不争奇斗妍，却别具耐人寻味的韵味。现在，拥有两个自创品牌的邓兆萍身兼企业家、设计师、政协委员多个身份，但最让她享受的还是设计师这个称谓，“用服饰演绎对生活的热爱，以流行诉说对自然的崇尚”，设计的精神内涵，其实是心灵的写照，归根结底离不开思想，这才是她设计作品最大的魅力。

逐梦箴言

邓兆萍先是厚积，再得以薄发。她以多年来对历史文化的认识和思辨，沉淀出自己独特的灵感之笔，把辩证、哲思、畅想与自在都写进了时装秀里。她用服饰演绎了对生命的热爱，她以流行诉说着对自然的崇尚。从事理想中的事业后，让她的生活到处充满了阳光和惊喜，她设计的作品是永不褪色的经典。

知识链接

女强人

女强人，是对专注事业并获得成就的女性的一种称呼。传

知识链接

统社会,特别是东方社会,普遍存在着男尊女卑,女性甚少可涉足政治或商业。但西方社会在20世纪开始,渐渐变得男女平等,女性接受教育,以至在社会发展事业的机会不断增加,于是逐渐有杰出成就的女性出现,巾帼不让须眉。

A角

A角是一个舞台术语,实际上就是主角的意思。

■ 走在图腾之路上

图腾是现代人心中的希望、理想、追求,每一个现代人心中都有理想在飞扬、图腾。其实人总是在不断的选择中成长进步,在不断的超越里成熟长进。在成长的过程中,理想是人心中永远的图腾,虽然它也在不断地更改、变化、提升,但是当我们一步步走近它时,我们的理想也就在不断地实现,当然,有时是间接的、部分的实现。对于理想,就像民俗学家钟敬文所说的那样:“就是跛着脚也走吧,因为人生的最高意义是向前。”年轻、率真、单纯、纯朴的服装设计师罗峥,就是靠兴趣成就时尚事业的服装设计师。

罗峥说:“设计是我一生的追求,美是我一生的追求。美比思想更重要,追求美的力量引领着人性的提升。”

罗峥 1970 年 6 月出生于北京,后随父母来到深圳,1991 年毕业于深圳大学国际金融贸易专业。她从小心中就埋藏着一个梦想——设计自己心中最漂亮的衣装。大学毕业后,她开始从事服装设计工作。罗峥是个很自信的女人,在家里,她很佩服姐姐罗晓音,她认为姐姐的美丽与才华自己怎样都无法超越。后来,在她举办的任何一场罗峥的时装秀上看到她的母亲和姐姐,来自家人的鼓励和帮助,让她踏上了为心中梦想而奋斗的路程。

罗峥喜欢古典音乐、芭蕾舞,喜欢英国维多利亚时期的艺术,所以设计作品中总带点宫廷感。她的这种由家庭影响而来的与生俱来的艺术气质,让她成为一个绝对的完美主义者,总能听到罗峥说:“要么不做,要做就做到最好。”她给自己下的定义是:彻头彻尾的理想主义者。所以她的设计作

品中，不能缺少美。“作品是唯美的，美贯穿我的设计。如果不美，再时尚、再另类、再新潮、再前卫我都不会选择。”因为这种气质，罗峥的思维非常发散，作品中常有舞蹈、建筑、绘画等视觉的影子。

1992至1994年，罗峥任深圳市东山广告有限公司形象策划部经理，1994至1996年任深圳市华加达设计事务站总经理，1996年创立“欧柏兰奴”品牌及深圳市歌蕾丝服装有限公司，并出任总经理、总设计师，1996年创立“OMNIALO”女装品牌，她成了做服装设计“中国原创”的先锋。

“我喜欢不单调、有层次、丰富的东西。”在罗峥的作品中，层叠、褶皱会被她得心应手地裁剪造型，而扇子、中国花鸟、旧上海洋烟图等意象都会恰到好处地作为细节出现，这样的灵感大多来自于生活中一些动人的东西或瞬间。罗峥喜欢自然环境，喜欢自然的设计表达，于是她的作品也自然了起来。她渴望从中国文化中获得更多营养，用自己创新的、与众不同的方式来表现。

罗峥是一位身材高挑，气质优雅的女人，她长发披肩、眼圆眉浓，属于典型的中国式美女，她性格开朗，处事豁达，纯真朴实不缺精干果断。有与生俱来处理大事的沉稳，却总在谋求完美的小事中失措；她可以与国际投资商高谈阔论，挥洒自如，也会为模特的档期冲突而低头饮泣。在中国的时装设计师群体中，罗峥属于美女设计师，属于偶像设计师。她是一位孜孜不倦、勤奋耕耘的创业者，在设计师们通过公众人物形成的规模效应推广自己设计理念的同时，她用自己的才情赢得了业界和消费者的尊重。人们说，她是载着梦想飞翔的时装女神，是个顽强的理想主义者。罗峥说自己的确是个始终不懈追求心中梦想的人。她的梦想就是做中国服装文化向世界传播的传承人，让中国女装在世界的T型台上大放异彩。罗峥典雅、时尚、飘逸的女装文化艺压群芳，博得了中外服装业界的满场喝彩。

2003年，罗峥代表中国在法国巴黎罗浮宫举行时装发布会，受到法国前总统蓬皮杜夫人和现任政界要人及普拉达等时尚大牌总裁在内的法国各界名流的好评。并有三件礼服被法国上流社会“克利翁舞会”选中；这是中国本土设计师向国际时装界迈出极具影响力的一步。

2004年成为中国第一位被法国“路易·威登”集团麾下轩尼诗品牌特别邀请联合举行“时装+时尚”传达时尚奢华的生活品味新闻发布的时装设计师。

罗峥非常勤奋，对自己酷爱的职业选择她几乎倾注了全部精力和心血。她是一个完美主义者，对设计的每个细节都一丝不苟；她的色彩非常谐调、高雅，对造型和使用的面料也把握得恰到好处，她能够始终保持自己的风格——洗练、纯真、明快、优雅、时尚。她从不左顾右盼，这是一位成熟的职业设计师的品格，也是她拥有稳定市场份额的保证。2006年罗峥又摘取中国时装设计最高奖“金顶奖”，并受到国际资本的青睐。同年底OMNIALUO（欧柏兰奴）与美国KEATING基金公司签订合作协议，开创中国设计师品牌与外国资本结合的新纪元。

罗峥的设计理念源自新古典浪漫主义，秉承经典时尚的风格，极富唯美，浪漫的韵味。把传统的思维用现代的理念表达出来，寻求一种自然而现代的平衡。她用纯艺术的，戏剧性的手法来突出一种典雅的气质。营造出高贵中带有不羁的女性，她就像灵动而富有激情的天使，于典雅中流露着忧郁，诠释着无法抵挡的女性魅力。

罗峥欣赏有文化修养、自信独立、有追求、有梦想的现代女性，所以这类女性梦想中想要的服装成为她唯美、浪漫的设计诉求，而这种风格中，所浸透出来的是浓重的中国式的隽秀和柔美。在罗峥服务的名单中，大众耳熟能详的明星章子怡、李冰冰、范冰冰、刘亦菲、徐静蕾、吴佩慈、赵琳、张静初……可以列出很长的名单。罗峥说：“在时尚之路上，我要不停地往前走，不停地超越自己。”2007年罗峥获得“中国十大设计名师”的美誉。

如今，罗峥是深圳市欧萌实业有限公司董事总经理、设计总监、中国服装设计师协会理事、时装艺术委员会委员。创办已有十年历史的欧柏兰奴成衣品牌，在中国北京、上海、深圳、广州、厦门、哈尔滨等地拥有百余家连锁店。她说：“我在做一种让国人引以为傲的服装，叫中国创造，而不是中国制造。中国创造，对于我们来讲是中国人的骄傲和志气。我希望中国设计师能够在国际舞台上有一个席位。”

逐梦箴言

罗峥运用各种富有机理质感的面料和现代的结构技巧来实现时尚与古典优雅的统一，创造一种不同凡响的视觉效果。她用艺术的创新展现中国文化的商业价值，将祖国的瑰宝传递给全世界。虚名如浮云，她是一个真情追梦者，她已将极具洞察力的设计语言与对美和生命的探索融为一体，将心中喷涌的灵感展现于灵动舞台的创造激情：她诠释美、演绎美。

知识链接

维多利亚时期

维多利亚时期从时间上讲，指由维多利亚女王自 1837 年 6 月 20 日执政开始到 1901 年 1 月 22 日维多利亚女王去世为止，这一时段是英国历史上最光辉灿烂的时段。期间英国文学蓬勃发展，形成自具特色的维多利亚文学时期。

另类

另类一词出道已相当一段时间了。大多数人的印象中，另类是年轻人的事，是率意直为，是想穿什么就穿什么，想说什么就说什么，想做什么就做什么。是酷毙了，帅呆了，是靓，是爽，是怪，是现代的新潮和荒诞，是对传统的否定和背叛。现在的另类也与帅、酷的意思，也能被人们秘广泛接受和理解。

■ 自信的女人最美丽

歌曲《在路上》唱道：在路上，用我心灵的呼声；在路上，只为伴着我的人；在路上，是我生命的远行；在路上，只为温暖我的人。在服装设计行业，著名设计师马艳丽是因为先做了与服装有关的“模特”，后来才成为与服装设计结缘的人，自从踏上了这条设计之路，她就拥着梦想，聆听着自己心灵的呼声，爱着自己的亲人，在经历一番艰难的创业之后，她终于迎来了鲜花和掌声，她在经历着一种别样有意义的人生。

马艳丽，1974 年 11 月 25 日出生在河南省周口市郸城县，从小被选拔出来作为一个运动员培养。她说：“从运动员到模特可以说是一个巧合，但从模特到设计师则是我花了更多的心血去学习的成果。模特对我而言只是一种职业，而不是一项我能为其付出全部的事业，我专门去进修服装设计，而后成为一名设计师，这才是我的目标和事业。”

马艳丽，身高 179CM，凭借身高等方面的优势，被誉为中国第一名模。1991 年获得河南省赛艇比赛冠军，获 1995 年上海首届国际时装模特大赛冠军。领衔主演过中国著名作家莫然根据小说《艳影》改编的二十三集都市言情剧《倾城之恋》。2003 年成为世界环球小姐大赛中国总决赛特邀评委主席，连续五届被聘请为 2003 年上海国际时装模特总决赛评委；被选入全国妇联主办的《中国百名杰出女企业家》一书……可是对于马艳丽来说，先前模特界的成功远不能满足她内心的渴望。在完全转变成一名时尚设计师之后，她发现这才是自己真正想要的，她把设计师这项工作当作自己

的事业来发展。

马艳丽凭着一股子不服输的韧性和人生智慧，在短短十年的时间里完成了一个从赛艇运动员、超模、著名时装设计师的“三级跳”。

有时候我们喜欢一件衣服，一个品牌，或许并不仅仅因为这件衣服的设计多么惊艳，剪裁多么完美。更多的情况下，是在于我们自己，也可以说是自信。这种自信来源于一种认同感，对品牌的认同感，对品牌文化的认同感。从心理学的角度来分析，自信能够强化甚至扩大这种审美和喜好。马艳丽说：“一直以来，我们谈论服装，谈论设计，谈论时尚，无非就是在谈论如何更美地展示我们自己。我们谈论是因为我们内心在追求美。”

当你接触到一件你不了解的事物，它可能具有一定的特点或者是美，吸引到你。你可能会产生好奇感和探索的欲望。但对这件陌生的事物持怎样的看法，则是在探索的过程中逐步建立起来的。就服装而言，探索的渠道通常有两种：品牌的自我宣传和口碑。马艳丽就是做到了这两点。

2004年，在服装设计的领域里，马艳丽新开设了高级定制项目，并为多项大型活动设计定制了舞台演出服装。如：中央电视台及地方电视台春节联欢晚会，还有其它多项大型活动及多位影、视、歌明星，如：彭丽媛、董卿、孙悦、宁静、胡军、黄晓明、张燕等。马艳丽的高级定制走的是高端路线，让她完成了从模特到服装设计师的蜕变。

2005年11月20日，马艳丽推出名为“在红地毯上”的高级时装定制发布会，创立马艳丽高级定制品牌。发布会上，展示了60款经典高级定制晚装，让人看到了高级定制无法抗拒的魅力。费翔、谢霆锋、容祖儿、柯兰、彭丽媛、胡军、吴若甫、赵宝刚、张朝阳等名流悉数到场。这成为2005年底最炫目的一场时装秀。

马艳丽作为品牌的创始人、艺术总监及北京马艳丽高级时装有限公司董事长，成功开创高级定制系列，她和她的马艳丽高级时装定制中心长期以来备受各界关注。另外她作为幸福工程形象大使关心关爱救助贫困母亲，而且作为第十届全国青联委员更是热心各种公益活动，同时还积极支持、捐助大学生校园活动，在广大学生和青年当中，树立了牢固、正面、健康向上的形象，被誉为美丽、成功的时尚青年女性代言人。

在外面，马艳丽是一个成功女人，在家里，她也是一名合格的母亲。她说：“女儿真是太可爱了。当我在外面感受到很多压力或因为太辛苦而感到心情烦躁的时候，只要回到家里，她不用说任何话就能缓解我的情绪。我对她的感激没有任何话语能够形容，在我心中她实在是太伟大了，而她又总是那么乖巧听话。我基本上每天都会看见女儿，跟女儿聊天，如果是出差的话我也会每天和她通电话。”

就是这样一位母亲，对事业对生活都有着自己独特的看法：她说：“有时生活中一个很小的细节都会让我感动，我很享受现在的生活，它让我感到心旷神怡！我比过去任何时候都快乐。”

“自信的女人是最美的，有梦想的女人是最美丽的。”马艳丽就是一位自信的有梦想的女人，她永远是美丽的。

逐梦箴言

马艳丽高级定制时装，让她完成了从模特到服装设计师的蜕变。她把握住中华文化的精髓，传承并融合新的工艺和剪裁，为现代的中国人设计出形意俱备的服装。她作为一个中国的时装设计师，她在做服装，也是在做文化，她是用服装做载体，用设计做手段、做语言，承载出了自己的品牌文化。

知识链接

世界环球小姐大赛

世界小姐评选活动已有半个世纪的悠久历史。该项活动始于1951年，为宣传英国旅游而创立，是当时英国新年庆典的

知识链接

一部分，最初称为“节日比基尼竞赛”，英国新闻界将其冠名为“世界小姐”。该赛事原计划只举办一届，但1952年“环球小姐”活动正式启动后，组织者才决定进行每年一度的评选活动，参赛者也不再只是身着比基尼出场表演，而在原有竞赛项目基础上增加了才智比赛等内容。从1951年至2002年，世界小姐评选活动先后在20多个国家成功举办了52届，已逐渐发展成为具有世界影响的年度时尚文化盛典，与美国“环球小姐”和日本“国际小姐”并称为全球三大国际性正规女性文化活动。

三级跳

三级跳又称为三级跳远，是田径中的一个项目之一。三级跳远起源于18世纪中叶的苏格兰和爱尔兰，男子三级跳远于1896年被列为首届奥运会比赛项目，女子三级跳远于20世纪80年代初逐渐广泛开展，1992年被列为奥运会比赛项目。

智慧心语

做自己能有激情的事情就是事业，做别人希望你去做的事情就是工作。无论是事业还是工作都要负责，不同之处就在于事业是对理想负责，工作是对薪水负责。

——沙玛阿迪

社会主义制度的建立给我们开辟了一条到达理想境界的道路，而理想境界的实现还要靠我们的辛勤劳动。

——毛泽东

没有理想，即没有某种美好的愿望，也就永远不会有美好的现实。

——陀思妥耶夫斯基

我相信我们应该在一种理想主义中去寻找精神上的力量，这种理想主义既要能不使我们骄傲，又能使我们把希望和梦想放得很高。

——居里夫人

生活若剥去理想、梦想、幻想，那生命便只是一堆空架子。

——李嘉诚

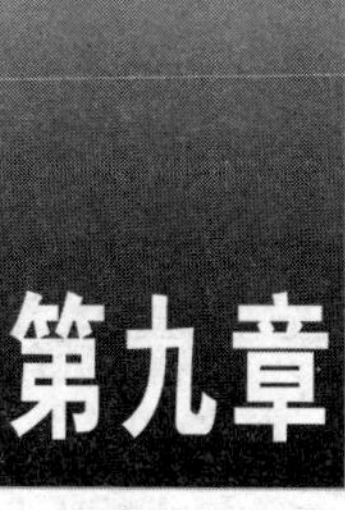

第九章

有梦想谁都了不起

导读

有梦想谁都了不起，明天的太阳会为你升起，珍惜心中的这份动力，相信自己会创造奇迹，只要有恒心有毅力，我们就一定能达到目的地。前进的路上拼搏进取都要靠自己的努力，路上的风景因为有了我们而美丽，我们更美丽在人生一个个际遇——

她向命运抗衡

“傻孩子,不要再来这个可怕的地方玩了,这里埋着的可都是死尸啊!”

“不,他们没能死,他们还在和我说话呢。”

这是六岁的可可·香奈尔和妈妈的对话。她为什么要经常跑去墓地玩,因为她出生在法国一个贫穷的家庭里,最可怕的是她的父母没有办理正规的婚姻手续,让她成了一个“私生子”,这让她幼小的心灵常常笼罩愁云,让墓地成了她童年最想去的地方,成了她的“秘密花园”,在那里,她学妈妈穿针引线,为每一座墓做一个布娃娃,从学做布娃娃开始,可可·香奈尔就对裁缝手艺产生了浓厚的兴趣。

可可·香奈尔从11岁起成了一名小裁缝师,她学会了做裤子、帽子、鞋子。有一天,她对妈妈说:“我想让全世界的人都穿上我做的衣服,我要把全世界的人都是打扮得漂漂亮亮。”

可是就在可可·香奈尔说完这句话不长时间,她妈妈病逝了,她不得已被送到孤儿院,从此在长达六年多的时间里,她在孤儿院的高墙深院里生活着,但有限的空间却没有束缚住她的渴望和追求。她喜欢编造谎言,这就在不知不觉中拓展了她的思维能力。她独树一帜的想象力,正是她日后服装设计创作的源泉。她渴望拥有漂亮的服饰,渴望把自己打扮得漂漂亮亮。这个愿望驱使她在心里为自己设计了一件件款式新颖的衣服,她脑海里这些衣服的模型,日后都成了一件件成品衣,成为她的成名之作。然而童年给她留下的印象太凄凉了,使她的童年生活都是在梦幻中度过的,所以长大后她不愿意承认自己真实的身世。

可可·香奈尔是个和针线很有缘分的人，在孤儿院里，她总能接触到做手工的活计，总能让她学到新手艺，这让她更加大胆地编织自己的梦想，这个愿望也一直在驱使她耕耘奋斗。在她18岁那年，她终于可以离开孤儿院，到外面的大千世界里闯荡了。渴望过上有钱人的生活一直是可可·香奈尔的梦想。走上社会超出同龄人的聪明和老练，和她与生俱来的经商能力，让她在少女时就为自己以后独特的个性和自理能力奠定了坚实的基础。出生的卑微，让她认识到了生活的残酷，她认识到只有从事服装工作，才能让她实现自己人生的价值，才能让她拥有做人的尊严。

很快，可可·香奈尔成了镇上新来的"巧裁缝"，她为了让顾客满意，加班加点，她把顾客视为上帝，她的超前意识，显示了非凡的经营才能，从此她成了人们追捧的"可可"。她在创业初期曾说过："我可以没有爱情，也可以没有婚姻，但是我不能没有服装事业……"

就在这种理念的支撑下，可可·香奈尔借用服装店实现了自身的价值，她把挣来的钱都用在了亲人身上，这让她体验到了亲情的可贵。她以前曾幻想自己是父母的独生女，让她冷落了兄弟姐妹。随着事业的发展，她的生活发生了变化，观念也发生了转变，她在挣到更多的钱，更好地改变亲人们的生存环境。在她30岁时，成了服装设计行业一朵芳香四溢的女人花，她这只丑小鸭终于变成了白天鹅。她成了时装界一颗冉冉升起的新星，精湛的手艺让她独领风骚，让她成为光芒四射的女人。她的世界越来越精彩，她成了时尚的代言人！

"我认为时装与香水有共通之处，我渴望美丽时装能与花香以外的香味得到完美的结合。"这是可可·香奈尔在40岁生日前发布"香奈尔五号"时的感言，为什么叫香奈尔五号，因为是从她五号试管里试验成功的产品。香奈尔五号香水的问世，弥补了法国香水史上的空白，开创了设计香水的先河。从此可可·香奈尔让法国的香水闻名于世，她的名字，也成了女性解放与自然魅力的代名词，她成了法国著名的时装设计师。

逐梦箴言

走进她的生活和心灵，她不平凡的经历让人惊叹：理想是领航生命的指南针。她的生命里因为有了理想，才有神奇的变化。贫困激起她追逐金钱的欲望，传奇人生经历激发她奇妙的想象，她靠勤奋、不屈和惊人的创造力，成为引领时装潮流的设计大师。她设计的服装都站在了时代的前沿，表现了独立自主的女性意识，她建立了"香奈尔时尚王国"。

知识链接

私生子

私生子是非婚生子女，(俗称私生子，是有轻蔑侮辱意味的用法)是在受胎期间或出生时，其生父生母无婚姻关系的子女。由于法律上对婚生和非婚生子女的保护程度有别，故有区分的实益。非婚生子女常会被视为耻辱，认为非婚生子女尤其是婚外情所生的子女会令家族蒙羞。

香奈尔五号

香奈儿五号是世界上最著名的香水之一。用可可·香奈尔自己的话来说："这就是我要的，一种截然不同于以往的香水，一种女人的香水。一种气味香浓，令人难忘的香水。" 香奈儿五号的成分是：佛手柑+柠檬+橙花+茉莉+玫瑰+铃兰+依兰+岩兰草+雪松+香草。香奈儿五号是很流行的，据统计，在全球，半分钟就能卖掉一瓶。

他用作品说话

现代人喜欢的“紧身衣”，这个名字最初诞生于1886年。在20世纪初，紧身衣开始是从事马戏和杂技表演的演员穿着。在1920至1930间，紧身衣逐渐成了游泳衣的款式，当时妇女的全包式泳衣一直沿用到今天。随后的时间里，紧身衣开始运用于舞者身上，如艳舞表演的姑娘，配合紧身衣穿着通常是一条紧身裤袜。紧身衣因为更能显示艺术化造型，备受人们青睐。

下面，我们要讲到的这位传主，他名叫阿瑟丁·阿拉亚，是20世纪80年代“超紧身性感”风潮的创始人——被称作“国王巴”，他是时装界最传奇的设计师之一的阿瑟丁·阿拉亚。

阿瑟丁·阿拉亚1940年6月7日出生于突尼斯。旅游业在突尼斯国家国民经济中居重要地位，阿瑟丁·阿拉亚所生活的地方是全国最著名的旅游区，这让他从小就能接触到一些前卫时尚的东西，让他对服装设计产生了浓厚的兴趣。虽然阿瑟丁·阿拉亚的身高刚刚接近160cm，可是他身边却总是围着身高180cm的超模美女，他的这个“魅力”，在充满竞争、喜新厌旧、同行相轻的时尚界是用作品表现出来的，这使同行的设计师们不得不伸出大拇指，说一句：“佩服！”

在这个时候，受上世纪70年代性解放运动影响，继70年代末时装界的“性虐待”潮流后，服装设计的性感要求达到顶峰，阿瑟丁·阿拉亚想到要将这种性感做得更夸张一些，同时也要兼备有所压抑的感觉，既清醒谨

慎摩登，又超贴身性感。这成了他进军服装设计业的一个梦想，这个梦想，别人不是没有想到，而是太高难了，用他自己的话说在成功之前："我就是在剪裁、剪裁还是剪裁……"

阿瑟丁·阿拉亚的这个想法，不能不被看作"坏品位"的风格，可是他却恰恰对这种"坏"和反叛而格外感兴趣。自从有了这个想法之后，他就有了力量，在前人的设计中寻找突破口，他在大胆尝试一下这个"坏品位"的风格。

为了实现这个理想，阿瑟丁·阿拉亚付出了很多努力。他经常会用超过 40 块精确裁缝的布料拼贴成一件衣服，那剪裁和材料的原理就像古时的紧身胸衣，束紧并向上推挤你的身体。再经过无数次的试衣修改，亲手缝线，真可称为在用布料做雕塑，好在他早年是在艺校学雕塑的，这让他在技术方面拥有所必备的基本功。

为了实现这个理想，阿瑟丁·阿拉亚对一些"完美女人"的身体甚至到了执著与迷恋的程度，他会几十年如一日地设计那些及膝铅笔裙，沙漏形的羊毛衫，紧贴皮肤的皮连衣裙……后来，他干脆退出了每年两季的时装发布，好像要更耐心等待那些能撑得起他衣服的女人们出现。听听当年他对初到巴黎的超模纳奥米·坎贝尔的赞叹："当她站起身时，我就仔细观察了她的身姿。她的腿部线条堪称完美，仿佛一匹纯种的赛马才能拥有如此健美肌腱。她似乎天生是铅笔裙的最佳诠释者，当她穿上紧身筒裙，除了臀部的圆润曲线，裙身上下完全没有一丝褶皱……简直太神奇了！"

从他的话里，我们可以看出他对女人性感体形的理念可见一斑。也许是习惯了女性现代服装的设计，更能让他与女性产生共鸣。他说："我的设计是为这样的女孩们准备的，她们从不会只为了诱惑男人或与他们上床而选择一件衣服。"

虽然为了实现自己的理想，阿瑟丁·阿拉亚在很多年里没有做时装发布会，但是他在时装界的地位却丝毫不受影响，无数的名设计师都把他看作"设计师的设计师"，即使对身体概念、设计风格与阿瑟丁·阿拉亚迥异的川久保玲都折服地说："我永远都很尊敬阿瑟丁·阿拉亚。因为他是用

心和激情在做设计,他坚守自己的理念从不妥协!”

1981年,阿瑟丁·阿拉亚已经41岁时,终于采用皮革和弹力棉为女人设计出“第二层肌肤”的裙装,也就是我们现在说的紧身衣。同年,他在巴黎举行了自己的第一季时装发布,因受知名杂志《她》大力推崇而一炮走红,终于让他从一个巴黎小上流圈的红人成为全世界知晓的名人。

逐梦箴言

阿瑟丁·阿拉亚自从与服装设计结下不解之缘,自从他有了设计出紧身衣这个理想,每每有一个小发现都会让他离理想又进了一步,都让他的前进有了动力。他坚持着这个梦想不放弃,终于用自己精湛的技艺向世人展示了一个大世界,他成了20世纪80年代“超紧身性感”风潮的创始人,让他的生命里充满了传奇色彩。

知识链接

超模

超模是代表在国际上有一定地位的模特。和普通模特不同,超模举手投足间都有着时尚的气息,他们是时尚的代名词,活跃在国际T台上。模特在业界排名取决于多种因素,登上时尚类杂志的封面、参加时尚类名流活动或得到著名品牌商的支持是其中几大重要因素。能够进入超模的行列并不容易,但如能晋身为TOP 50的模特,那肯定是一件令人兴奋的事。在当今社会的职业分配中,模特这个职业是占绝大多数比例的女性职业,很多时候,模特和商业紧密联系,她们能为商人们的产品代言,创造出更多的价值,而更多的时候,模特作为一种艺术的形象,能够引导时尚的潮流,影响人们的审美观念,从这一点上来说,模特这个职业是个能够有很强的影响社会意识的职业。但是事实上,大部分的模特做不到这一点,只有少数的所

知识链接

谓“超模”，能够有这个机会。超模也就成了时尚和前卫以及影响力的代名词。

《她》

《她》是法语ELLE的翻译过来的意思，中文名字依都锦。上个世纪80年代初，也就是法国著名ELLE时尚杂志诞生40多年后，以ELLE命名的服饰品牌随即诞生了，以红、白、蓝为主色调，面料多以棉为主。ELLE旗下有ELLESPORT和ELLEPARIS 两个各具风格的女装品牌。这个品牌以时尚导向，是女性化的、现代的、积极向上、亲切的、潮流而又充满生活气息。品牌形象：现代、朝气、优雅、活力。

她做自己生命的主宰

美国最伟大的小说家霍桑说:“理想是世界的主宰”,这句话说出了理想的重要,一个没有理想的人,就不会感受到活着的意义,也不会明白活着的道理。被称为中国的香奈儿的服装设计师郭培,是中国首屈一指的时装设计师,她是中国第一批科班出身的服装设计师之一,是北京奥运会颁奖礼服的设计者,她就是一个用理想点缀生命的人。

郭培,出生在1967年,自小就表现出了非凡的艺术天赋,在孩童时就自己动手设计制作衣服,从小就与服装结下了不解之缘。后来到北京二轻工业学校服装设计专业学习,成为中国第一批服装设计专业的学生。她在中央美院学素描,在技校学裁剪,在生活中寻找灵感,在摸索中不断成长。她是中国服装设计师协会理事、时装艺术委员会委员;她为北京天马服装公司创造了39亿元的营销佳绩,使天马晋升为中国十大服装品牌;被称为中国高级定制第一人,中国高级定制梦工厂的掌门人;是各路演艺名人的御用服装师,是外国媒体眼中了不起的中国服装设计师;她的作品代表了女性梦想,她曾连续十年为央视《春节联欢晚会》主持人和重要演员制衣。2008年北京奥运会颁奖礼服、章子怡圣火采集仪式上的服装、2009年春节联欢晚会上宋祖英的瞬间换装……这些精美的设计,都出郭培的手笔。

一位时尚杂志的主编说:“作为中国高级定制第一人,郭培引领着中国高级定制的标准与时尚。”

“高级定制”是服装界象征着身份和地位,是为客人的特殊需求单独设计、裁剪、纯手工制作的时装精品,体现了专业设计师非凡的创造力,是唯一可以不计成本彻底追求完美的领域。20 世纪 90 年代中期，中国时装行业还处在起步阶段，“高级定制”的概念在中国刚刚萌芽，人们甚至不知道什么是高级定制。但郭培这位身材娇小，妆容精致，声音和缓的女人，却义无反顾地走进这块无人开垦的“处女地”。她说：“我做时装，不是简单为穿着而服务，而是发自内心的喜爱和感动。”是啊，在这份喜爱和感动的支持下，她坚守着对于完美的追求，1995 年荣获首届“中国十佳设计师”提名，并被日本《朝日新闻》评为“中国五佳设计师”；1997 年荣获中国十佳时装设计师称号；连续三届荣获“国际服装服饰博览会”服装金奖；作品在澳大利亚博物馆展出并被收藏；1998 年 4 月与百福来时装公司合作参加国际服装服饰博览会，获最佳设计、最佳工艺等五项金奖一项银奖。其作品被收入《中国 21 世纪著名设计师》一书，成为当今中国服装界的代表人物；她创办的郭培玫瑰坊服装公司也开创了中国高级定制时装的先河。

中式设计，是中国设计师的心结。太多人做，却太少人明白精髓。在“2012 首届中国精品论坛”上，郭培说：“‘精品’有两个层次的内涵。首先，精品的精髓在于‘精神’，这不是具体的工艺，而是是一种极致。从这个层面上讲，‘精品’更多的是一种文化上的传承。其实谈到文化就是传承。文化的传承若能真正表达出来，一定是源于爱，来自于内心的喜欢，而这样的表达，代表了精品的境界。其次，当‘精品’的概念落实在具体的物上，那必然要求‘精致’。在这层内涵上，是对工艺上精益求精的追求。在我的作品和我的表达中，其实也一直在追求精品，是精致的工艺，更是文化的传承。”

郭培是个精力充沛的人，她的设计和创作总是伴随着灵感的迸发与快乐的到来。为了达到心中对完美的追求，郭培往往不计成本。龙，在中国一直是男性和皇权的象征，喻示着权力和财富，郭培成为迄今为止第一个将龙与女性连接起来的中国服装设计师，成功推出了“中国嫁衣”静态展和“龙的故事”服装秀……

郭培说：“没有皇权的今天，龙也不再具有性别，它只象征着完美、强大。现代的女性虽然外表柔弱，却拥有强大的内在，她们对自身有极高的要求，有着强烈的进取心，独立自尊，丝毫不弱于男性，所以她们也是龙。”在这次

主题是“中国新娘·龙的故事”服装发布会，吸引了众多专业人士、时尚界、演艺界大牌明星前来观看。在人们的称赞声中，在鲜花和掌声面前，郭培深深地感慨着，因为她知道，每一件真正称得上高级定制的礼服，都是她用时间与心血、才华与工艺共同铸就而成的。

郭培说：“如果有来生，我还会选择服装设计这个职业”。

逐梦箴言

对郭培来说高级定制不是一件衣服，而是一个梦想。后来玫瑰坊成了她高级定制梦工厂玫瑰——旺盛、热烈、美丽，天生雍容高贵，充满情调的设计坊则带给了她更多的憧憬，于是“玫瑰坊”成了她编织梦想的摇篮。她在自己的艺术殿堂里构筑起真正的高级时装定制王国，而“玫瑰坊”正如玫瑰花一般盛放在时尚的最前沿。

知识链接

高级定制

高级定制：就是厂商根据客户提出的多种高要求的条件来进行定制生产，大多时候是单件生产。为消费者生产出独特有个性的产品，也是对表现出企业弹性生产能力的认同。提供方为需求方进行超出一般标准的生产或加工，有更高的苛刻的要求或精确度的要求。

《朝日新闻》

《朝日新闻》是日本三大综合性日文对开报纸之一。1879年1月25日在大阪创刊，创办人是木村滕、村山龙平。草创时期为插图小报，以“不偏不党”为办报方针。1888年实行产业化管理，以《东京朝日新闻》打进东京出版。1930年前后，与《读卖新闻》《每日新闻》在东京形成三报第一次鼎立竞争的局面。1940年9月1日在各地出版的报纸统一名称为《朝日新闻》。

■ 他用时装代言

2010年10月,在中国国际北京时装周的第一天,在北京798艺术区,中国时装界的风云人物薄涛举办了"水墨乾坤"的时装表演秀,演示了138套时装。丝滑的绸缎、清脆的欧根纱、洁白的雪纺,奢华的皮草,均被配以写意的山水,表现了人与自然和谐相处的意境。

"水墨乾坤"是中国设计师第一次近距离深究古人古画的寓意,提炼截取其中的精髓,并将之与各款服装完美结合的力作,从某种意义上来讲,这不仅仅是向古代大师致敬,更是中国服装设计界的一次观念转折,是中国本土设计师在继承中国古代优秀历史和文化的一次大胆实践和创新。著名古画鉴赏专家杨丹霞女士对此评价道:"与古为徒,邃古来今,至仁无法,我之为法,乾坤清气,丹青唤梦,自有我在。"

薄涛说:"我们民族有那么丰厚的历史文化,古人曾经创作了无数艺术精品,我们生长在一个文明古国里,中国的服装设计师必须植根于本土,从中汲取营养,打造属于中国自己的服装文化品牌。"

"水墨乾坤"这场面别开生面的时装秀,把中国优秀古典文化与现代时尚巧妙融合,用行动向社会证明了什么才是纯正的中国元素,展现了中国古代艺术大师在创作时所追求的境界。如此高超的设计,引来业内人士的关注。这位出生在1963年的服装设计师,他在成长的路上沐浴风雨,但他是快乐的。他坚信一个有追求的人,应当将自己的理想同生存使命及时代的发展结合起来,应当去书写最大的辉煌。人最大的理想应当追求真理并将现在不完美的世界改造得完美。

在谈到成长道路时，薄涛说特别感谢当年求学的北京劲松职业高中服装设计班。他说："80 年代中期，劲松职高请来为服装设计班讲课的都是赫赫有名的大家，比如画家阿老、服装设计师魏雪晶、舞蹈速写家赵士英、讲服装流行趋势和流行色的陈复美（音译）、讲艺术概论和服装史的白崇礼、讲基础美术课的赵纯礼等。作为学生，非常幸运地耳濡目染了这些大家的才华和教导。我记忆犹新的一件事是画家阿老上的第一堂课。上课铃响，阿老胳肢窝底下夹着个素描本一声不吭地走进教室，一声不吭地坐下，指定一名学生坐到自己面前，在众目睽睽中拿出炭笔在素描本上开始画这名学生，一边画一边念叨：初学写真，心无定界，必先多画，多则熟，熟则精，精则悟，悟则自通。他念得悠然随意却字字清晰入耳，他念完一句，手里的炭笔就会完成素描人物的一个步骤，等他念完了，人物的素描也结束了。看着阿老画本上酣畅生动的人物素描真让人心悦诚服，我突然间对绘画开了窍，也突然间爱上了绘画。艺术是靠悟性来领会和学习的，阿老的教学方式很怪，但他的这种'怪'就是刻意让学生自己去观察、去体会，从而悟出绘画的门道……"

从那以后，薄涛的画技突飞猛进。20 世纪 80 年代中期劲松职高的办学环境特别好，老师教学认真负责，学生学艺刻苦自觉。那时学校买进来让学生看的国外服装设计的画册大学里都没有。在学校时，薄涛开始把自己设计制作的服装拿到服装摊上去卖，卖得还挺好。

毕业后，薄涛进了一家国营服装公司，后来又到西山脚下一家部队干休所办的服装厂做设计师，他的梦想在工作中有了新的发展。成长的路并不是一帆风顺的，薄涛经受风雨打击，也被风雨滋润着，但他的感觉是快乐的。1992 年初，薄涛创立了薄涛制衣有限公司，打出了"BOTAO"品牌。之后，又经过多年的打拼，推出薄涛盛装制服、薄涛高级成衣、薄涛高级时装定制三个系列，他擅长女装礼服类设计，2007 年与松雷集团共同投资组建北京蝶之尚时装有限公司，推出品牌"蝶"。

薄涛精彩演绎了中国的服装名牌，他所走过的路，被称为一位设计教父的成长史诗，他用服装设计为文人雅士定制了一种的精致生活，他成了著名服装设计师，成为薄涛制衣(中国)有限公司董事长、艺术总监；成为最早在国内开设高级时装定制的设计师，第一位服装设计外观专利申请人。

逐梦箴言

他挑战传统的设计风格，挑战服装素材的搭配方式，挑战清晰年龄界限的穿着理念，挑战版型线条归位的剪裁。他本着为时尚品生活而设计的理念，时刻融入世界全新流行的创作灵感，所设计的高级女装，展现出女性独特的生活方式和成熟魅力。他追求独特，展现真我的风格，创造出了全新的时尚视野，他在国际时尚舞台上大放异彩。

知识链接

阿老

阿老，1920 年生，又名老宪洪，广东顺德人。擅绘画。中央工艺美术学院基础课教授，是中国美术家协会会员，中国老年画画研究会副会长，中国书画国际大学董事局名誉主席、学术委员会主席。主要作品有《全中国儿童热爱您》《跟随毛主席长征》《延边鼓舞》等。很多优秀作品被中南海、人民大会堂、国家博物馆及国际友人收藏。

专利

专利是一项发明创造的首创者所拥有的受保护的独享权益。在实行专利保护制度的国家订有专利法。专利是受法律规范保护的发明创造，它是指一项发明创造向国家审批机关提出专利申请，经依法审查合格后向专利申请人授予的在规定的时间内对该项发明创造享有的专有权。

智慧心语

时尚不仅仅指服装而已，时尚存在于天空中、街道上。它和观念、生活方式，以及各种变化都有关系。

——可可·香奈尔

若不是为了吸引人，女人谁会花大价钱买一条裙子？难道这不就是时装的要义吗？

——阿瑟丁·阿拉亚

中国有中国的精品，首先在内容上就要有精神境界的表达。

——郭培

有些老年人显得可爱，因为他们的作风优雅而美。……而尽管有的年轻人具有美貌，却由于缺乏优美的修养而不配得到赞美。

——培根

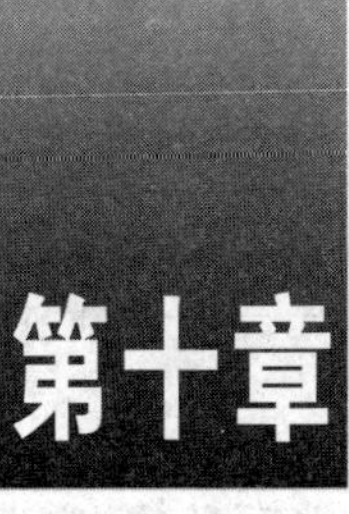

第十章

在服装设计师的成功中采撷励志的鲜花

导读

歌德说,“哪里没有兴趣,哪里就没有记忆。”良好的兴趣可以让人们热爱生活,适应环境,可以成为一种向上的精神支柱;可以使人们克服各种各样的困难和险境,培养出顽强毅力,并沿着既定的目标奋勇前进!因此,兴趣和爱好决定人生的方向,如果一个人不知道他要驶向哪个码头,那么任何风都不是顺风!

服装的时代色彩

从建国初期到文革结束到改革开放这60多年时间里，中国人的穿衣标准发生了很大变化，从中山装到建设服到军便服和工作服再到西服。过去的年代服装颜色也是以蓝、灰、黑以及军绿色为主。夏天是白衬衫加蓝裤子，连穿裙子的女性都不多见。之所以在穿着方面如此单一，除了与当时的政治背景和社会环境有着直接关系外，更重要的原因是轻纺产品匮乏，市场供应紧张，人们购买成衣或布料都需要布票。布票诞生于1954年，消失在改革开放的1983年冬。曾经主宰过老百姓30年的穿衣大事。

当然，每个年代都有每个年代的时尚。那时候，一件哔叽料的制服，绝对属于奢侈品，价钱能抵得上一辆自行车。穿一身旧军装，或者是一套洗得发白的工作服，也曾是一种服装时尚，这又包含着些许苦中作乐的成分。而在“新三年，旧三年，缝缝补补又三年”的困难条件下，改衣服和在旧衣裤上缝补丁是许多女人的功课。等衣服实在不能穿了，那些零碎的布片也会成为做鞋的材料。

1978年改革开放后，随着国家轻纺工业的发展和乡镇制衣制鞋工业的出现，市场上的服装鞋帽、针纺织品的供应数量迅速增多，产品种类也不断丰富，进而导致布票成为最先被废除的票证。与此同时，因为电视广告的出现打开了人们的眼界，再加上个体经营户的合法化，大批“倒爷”从广州等边贸城市贩运而来的特色服装，也成为许多年轻人的服装选择。大陆人穿牛仔裤的历史，就是从那时开始的。

中国人的穿着发生最大变化的时期，应该是在上世纪80年代中期，这场变化以为西服正名为开始，以建国后第一批时装模特为标志，以男人装、女人装、中老年服装和童装的市场细分为内容，从根本上改变了中国人穿衣戴帽的状况以及人们对服装的认识。

如果说，西服在建国初期还仅仅被看作西式服装的话，那么随着政治运动的升级，这种西方人发明的服装样式，在文革期间就成了资产阶级的某种象征。文革期间，就连穿一件花格衬衫的男人也会被红卫兵羞辱一番，所谓的西服革履干脆就在中国大陆完全绝迹了。改革开放后，被解放的思想也解救了西服。从饭店业开始，继而又在企事业单位流行。特别是在当时的国家领导人公开倡导穿西服后，农村里的乡镇干部和年轻人也成为西装一族。

尽管那时的西服用料和做工不能与今天的西服同日而语，但它冲破了极左思想对人们穿衣打扮的束缚，改变了中国男人过去那种近乎于绝对化的着装状况，其历史意义非同一般。

同样，尽管在今天看来，上世纪80年代出现的时装表演有点不伦不类，但却启动了中国时装业的闸门，具有革命的意味。

中国服装市场从上世纪90年代开始的以年龄、职业、档次的细分，也是中国人衣着向品牌化、高档化、时尚化和个性化演变的开始。到了本世纪后，人们对衣着消费的品牌、质量意识增强，注重突出高档化、时尚化和个性化的特征。年轻人注重服装的新潮、时髦、体现个性化，中年人注重服装的质地款式及舒适度，高薪阶层更是青睐服装的品牌与档次，而世界顶级服装也已成为富裕阶层的寻常穿着。

即使在广大农村地区，服装也早已从遮体御寒的生活必需品升级，也开始对穿戴讲究起来。农村人自制衣服的已不多见，基本上都是购买成衣，这不仅是消费观念的改变，也体现了对服装样式和做工用料的讲究。牛仔裤、运动鞋，这已经不再是种田人的怪异打扮了。

从布票年代的“一衣多季”到取消布票后的“一季多衣”，中国人在衣着上的变化速度，令西方媒体时而发出惊叹。现在，在国内各大城市，由人们

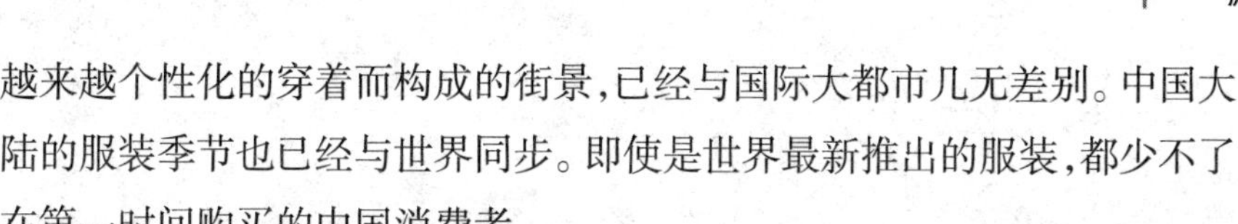

越来越个性化的穿着而构成的街景,已经与国际大都市几无差别。中国大陆的服装季节也已经与世界同步。即使是世界最新推出的服装,都少不了在第一时间购买的中国消费者。

在改革开放30周年的纪念时刻,面对中国民众五彩缤纷、时尚绚烂的衣着世界,一如法国时装设计大师伊夫・圣・罗朗离世后,“全世界所有的女人们都应该感谢伊夫・圣・罗朗,是他丰富了你们的色彩,充溢着你们的衣柜”的业内评价般,对于中国的消费者们来说,也应该感谢一个群体——从裁缝发展成为时尚创意产业领军者之一的服装设计师。正是这个群体伴随着改革开放的自我发展和壮大,在相当的程度上推动了国人服装消费观念的转变、与世界时尚潮流的同步,也促进了国内服装市场的成熟完善、中国服装品牌的壮大发展。虽然,经过30多年的发展,这个群体还有着这样或那样的不足,还有很多需要完善的地方。但是,作为现代人,我们是多么幸运啊,今天的富裕生活,布票再也不能约束我们的购买力。衣服,穿在我们身上不再仅仅是避体防寒的工具,更是时尚信息的传达,是一个人外在美丽的展现。所以我们要更好的应用中国服装,爱护中国服装,更要感谢中国的一位位杰出的服装设计师们付出的辛勤劳动。

中国的服装代表的是中国的民族文化,只有民族的才是世界的。当然,我们更希望服装设计师能不负重望,认识到自己的终极目标不仅仅是单纯的设计服装,而是要建立自己的服装品牌,将自己的设计理念用不同的方式传达给大家,乃至世界每个角落,让自己永远用作品说话,做时尚的代言人。

■ 走进设计大师，通向成功之路

摆在朋友们面前的这本职场励志系列丛书之一的服装设计师读本，里面写到了中外35名著名服装设计师的成长故事，他们的名字，你们或许有的听说过，他们设计的品牌服装，或许你们的亲人正穿在身上。在这35名服装设计师中，有瓦伦蒂诺、克里斯汀·拉克鲁瓦、皮尔·卡丹、高田贤三、可可·香奈尔、查理·沃斯、姜·巴度、伊夫·圣罗兰、格蕾夫人、阿瑟丁·阿拉亚、三宅一生、乔治·阿玛尼、纪梵希、让·保罗·高缇耶等14位外国著名服装设计师，他们在世界上也是服装界的枭雄王者。其余都选择了中国本土服装设计师，张天爱、郭培、梁子、邓皓、李小燕、张伶俐、薄涛、朱琳、周红、邓达智、秦晓霞、张肇达、吴海燕、陈逸飞、张继成、武学凯、王新元、刘洋、邓兆萍、罗峥、马艳丽等21位设计师，他们见证了中国服装事业的发展，他们是中国服装行业的领军人物，他们有的甚至是70后，他们都是同我们一样曾生活在社会的最底层的人，但他们却因为有了梦想，有了执着的信念，所以才走出了一条通向成功的路。

走进了一位位服装设计师，就走进了他们的生活世界和精神世界，希望通过读这本书，让小朋友能了解服装发展的历史沿革，更希望能从某位服装设计身上，找到自己励志的方向。

朋友们，就请在服装设计师的成功中采撷励志的鲜花吧。励志是一门学问，这门学问叫“励志学”。励志学，不仅能激活一个人的财富欲望，更要激活一个人的生命能量，唤醒一个民族的创造热情。失去创造力，是一个

人乃至一个民族最大的悲哀。而励志，便是让一个人重新焕发起这种力量。励志，并不是让弱者取代另一个人成为强者，而是让一个弱者能与强者比肩，拥有实力相当的生命力和创造力。励志，能唤醒一个人的内在创造力。惟有从内心深处展开的力量，用心灵体验总结出的精华，才是一个人真正获得尊严和自信的途径。只有做到真正的"励志"，才能一路拥着鲜花掌声，收获到更多的芬芳。

朋友们，没有规划的人生不美丽，那么就从现在开始为自己确定一个理想和奋斗目标，做一名励志少年吧。

智慧心语

时尚，是个暴君，聪明人虽然嘲笑它，但却还得服从他的命令。

——毕尔斯

所谓时尚就是目前的传统。一切传统都带有某种必要性，使人们非向它看齐不可。

——歌德

一个人只要强烈地坚持不懈地追求，他就能达到目的。

——司汤达

一个有事业追求的人，可以把“梦”做的高些，虽然开始时是梦想，但只要不停地做，不轻易的放弃，梦想能成真。

——虞有澄

天地万物都在追求自身独一无二的完美。

——泰戈尔